U0164886

在二次元世界呼喚愛

——日本 ACG 萌文化入門

兵法舞雪 著

序

我們都是歷史的寵兒……

如果沒有你,這部小書出版了,也沒有多大的意思。不管你姓甚名誰,又不管你是才剛開始體驗青春的學生,抑或是隱閉的老宅、老司機,這一刻,很高興你成為了這小書的讀者。

打開這小書,大概你已入了二次元的坑。這坑有入無出,一旦入了坑,在二次元世界體會過愛,到了末日,你都不可能完全捨棄它。ACG,是歷史的恩賜,即使是柏拉圖、秦始皇、平清盛、亞歷山大大帝、邱吉爾,都無福享受,因為他們出生的時代對不上,他們終其一生都與美少女水手服戰士無緣。能在 21 世紀享受 ACG,表明你我是歷史的寵兒,應該為生於這個時代而感恩。

本書內容原是作者博士論文(文藝學)的未發表部份,因此從性質上來說,它是研究結果,又是文藝評論。不過,在高明編輯的指導下,小書已經化身一本徹頭徹尾的入門級讀本,即使本質是研究和評論,它仍能面向廣大讀者的閱讀趣味,當

作消閒刊物可以，當作專題教科書也行。如果有讀者認為哲學術語難不倒自己，又止不住自己研究 ACG 的熱情，建議留意作者排定於 2020 下半年出版的專著《少女歷史：日本 ACG 萌文化哲學筆記》。該書是此小書的進階版，文字量大約是此小書的三倍，內容更為豐富，從日本島歷史的起源、日本人的民族文化底蘊開始，更直接地採用哲學、美學、社會學、歷史學、人文科學術語，論述少女在上世紀初誕生的因緣，然後繼續談到少女如何領導了 21 世紀 ACG 萌文化之全球化。

坑太大？不要緊，就像我們每天玩的手遊一樣，遊戲難度自選。此小書是簡易關卡，BOSS 易打。不過，總有身手不凡的全職高手挑戰超高難度嘛！

本書沒有其他序文了，但有作者好友送來的美圖和愛心題詞，他們都是本書的讀者。下一頁，是穿梭二次元世界而來的讀者心意～又燃又萌，擋不了了！

在二次元世界呼喚愛——
日本 ACG 萌文化入門

萌題詞 2020

歡迎來到
繃帶熊博物館🐻

Reki

BY 雷姬醬

進もう舞雪さん～

BY 胡煒權

4

BY 秋 NA

BY KEWELL 桑

BY 櫻茶醬

BY PURPLE 醬

BY AKIRA 君

BY 樹君

BY SAIPANG 君

BY MARK-KUN

BY WALLACE 桑

BY ADOLF 様

BY Flower Tea 醬

導論

萌與少女

動漫店廣告，作者攝於東京秋葉原。

「萌」與「萌」
的根源

萌・少女意志

當代 ACG 文化流行的動漫、小說和遊戲，故事的中心往往是少女的故事。我們閱讀少女的故事，不是不知不覺地融化其中，就是為劇中少女出乎意料的行為、說話、想法所震撼。

「萌死了！」

無口、天然呆、傲嬌、雙馬尾，或者腿上展開絕對領域然後說出腹黑的說話，時而聯群笑語，談論着無關宏旨的日常瑣事，時而黑臉、黑化，都使人感受到「萌」的波動，讓人禁不住高呼「萌死了」！

在科學層面，少女指年齡在青春期前後的女性。在社會傳統層面，她們被認為是柔弱的，需要受到保護。可是，在 ACG 文化內，最能撼動人心的卻是少女。這樣的一種悖論，該如何解釋？弱小青澀就是力量？

雖然好像有點風馬牛不相及，筆者覺得《甘地傳》中一句話可以解釋少女的力量泉源何在。談及白人的暴力時，印度聖

動漫店店面，作者攝於九州小倉。

雄甘地曾經這樣說：「他們可以折磨我的身體，打斷我的骨頭，甚至殺了我。那樣他們將得到我的屍體，但不是我的服從。」甘地雖為男子，但他常常向人展現其瘦弱的身體，體質與少女相當。然而，甘地告訴世人，取他身體的，不一定能取得他的服從。服從與否，背後有一個自主的意志，這意志不被任何外在事物決定。同樣，少女或喜或哀或怒，同樣出於一個自主的意志，這意志不被任何外在事物決定。在哲學和美學上，這個意志素質，叫做主體性。傳統上，報章不報道少女的意志，因為少女意志在大人的世界裏被認為無關宏旨。然而，ACG 文化卻天天把少女意志拿來做故事文章，深受歡迎，展現了少女所

持有的「萌力」。

所謂「萌」，是一種美學層面上的經驗，很難用言語說明，就如美、可愛、清麗、崇高、奢華、悲壯、幽默、詼諧、逍遙、荒誕、哀怨等經驗一樣，它不屬於知識論的範疇，是真是假，無關宏旨；它也不屬於價值論範疇，超越貴賤，無分善惡。腹黑屬性雖有少許邪惡，但擁有腹黑屬性的孩子可以很萌。在真善美三個範疇中，「萌」屬於美，它讓我們感受到某種生命層次的衝擊，獲得某種說不出來的意義。

日本語中的「萌」

「萌」審美、「萌」文化源於日本。在日語，「萌」是「萌え」，唸作 MOE。

日本人的百科網站《同人用語之基礎知識》指出，所謂「萌」，就是對某個喜歡的人物懷抱着極深的愛情時，用以表達自己情感的用語，該用語的定義仍然很複雜，但似乎是一種不伴隨勃起但到了瘋狂程度的愛情。

中文網站《萌娘百科》對「萌」的說明，沒有提及勃起，畢竟華人對於公開談性有點忌諱，但說明更加詳細。

……御宅族和其他的 ACG 喜好者們將用這個詞用於形容極端喜好的事物。最初，該詞通常只是對於女性而言，即用來形容可愛的年輕女性（女孩、少女等）……（現在）「萌」一詞可應用的性別、年齡段、物種等都擴大了。除了應用於人類女

性外，也可以用於形容討人喜歡的男性、甚至非人類、非生物等。

ACG 次文化意義上的「萌」，其含義，具體來說，可以理解為「個人因着人物的某些特徵而由內心萌生出一種像燃燒般的共鳴感覺」。因此，……很大程度上是視乎個人因素的……每個人心中都有各自的「萌」。

「萌」經常與一般所說的「可愛」一詞表達的感情和意義相近，但並不等同於「可愛」。萌的意義要更加廣泛，因為除了「可愛」之外，還可以有其他各種各樣的特性來體現一個角色的萌。

動漫美女抱枕，作者攝於東京秋葉原

萌可與勃起無關，也可以有關，藝術與人的本能息息相關，尤其是性本能。

確實，「萌」並非只限於形容女孩子，只要表現的方式對上了，就連蛋黃也可以變得很萌，三麗歐所推出的蛋黃哥，就是例子。

說起來，作者也曾經被大學裏的師妹以「萌萌噠」一詞形容。請不要問原因，我在她們眼中「萌」在何處，我並不知道。

總而言之，「萌」是動漫文化的靈魂之一。假如失去了

「萌」，動漫文化就要打個很大的折扣，甚至不能成立。「萌」使人瘋狂、着迷，像愛情一樣，其對象不一定是人類，因此它雖然可以與人的動物性本能有關，卻又超越了人的動物性本能，純粹的性慾發洩片子，不能稱之為「萌」。

蓮花長於污泥，其美卻不自染。「萌」亦長於污泥，但它不拒絕污泥，更盡情地吸收污泥，把污泥中的養份昇華為美。

「萌」是人的審美經驗產物，可誘發強大的精神反應，屬於美學範疇，因此它不能以自然科學方法進行研究和說明，正如自然科學無法分析莎士比亞劇作因何感人，科學方法也無法分析「萌」。要說明「萌」，只能採用美學的語言和方法。

何為「萌」？「萌」文化與御宅文化有何關係？本書將陪同讀者一起探討。

同人誌即賣會，作者攝於香港。

萌與本能有關，但本能不一定是性本能，也可以是保護幼小的母愛本能。

本書的萌旨

「萌」是審美，享受它，無須懂得深奧理論，只要把自己沉溺其中就行了。但如果讀者不甘心愛得不明不白，希望深入而自覺地認識「萌」，甚至成為「萌」的「傳教士」，這本書能作你的嚮導。

歷史是孕育人類審美經驗的溫床。「萌」雖然是當代 ACG 文化萌芽後才有的一個說法，但追根溯源之下，可以在一群 20 世紀初日本女孩子之作文中，在寶塚歌劇團的表演中，在七十年代日本少女漫畫中，在三麗歐的吉祥物中，都找到與「萌」同根同源的美。

美具有可傳達性，兩個人之間明明沒有約定，但卻可以對同一個對象產生相似的審美感受，這是美感的神奇之處。「萌」也是如此，可以互相傳達、分享，並且超越時空。一百年前一位少女感受到的悲哀，寫成故事，一百年後我們閱讀，也能感受到悲哀。因此，一種美能在歷史植根、萌芽、延續、繁衍下去，形成一種樹狀的歷史。追尋「萌」，要求深入孕育它的歷史土壤，找出它的系譜和先祖。按照作者的追查，在系譜的根源處，是明治日本少女。在系譜內，有百合、萌娘、腐女子、中二病、少年愛、可愛文化、虛擬歌姬、腦內戀愛、原祖御宅、男役女優、BL、同人文化、Cosplay、吐槽文化、新一代御宅、中國宅宅、歐美宅宅等各個文化物種。

17

萌文化之治癒與情色

在日本，萌文化是次文化，與日本社會主流文化分庭抗禮。經過長時間磨合，就結果而言，主流文化與萌文化達致一種主體間平衡的關係，兩者既保持距離，基本上互不干涉，但又互相認可、依存、共存。這個平衡很重要，日本民眾長期生活在社會壓力之中，很多人在萌文化中獲得了安慰和治癒。

不過，萌文化傳播跨越了文化疆界，產生了全球在地化的問題。由於萌文化起源於日本，萌文化是對應着日本社會文化而發展起來。當它進入其他文化時，必然發生新一輪的在地化，再度轉化成為萌文化 2.0、萌文化 2.5、萌文化 4.0 等新版本。其中一個比較突出的範疇，就是情色描述的程度。在日本，主流社會文化不大力排斥公開的情色描述，因此日本萌文化的形成，無須太過考慮情色描述上的自肅。然而，進入其他文化區域，例如華人文化，基於文化差異，同類的描述往往要求收斂一點。

「妳」的名字：
ACG、動漫、萌、御宅、二次元

ACG 全球化

　　當代 ACG 文化，也稱為宅文化、萌文化、動漫文化，或二次元文化。它源於日本，在21世紀傳播到全球各地。2019年，全世界最有名的宅民，不是日本人，卻是網名自稱 Melon Pan 的瑞士名人，人稱變態瑞士人或瑞士死宅。Melon Pan 在銀行工作，薪水甚高，興趣是做出各種誇張的動漫 Cosplay 行為，然後拍片上載網絡。他揮金如土，購置無數動漫變裝道具的行為，讓全球不少宅民羨慕不已。

　　日本 ACG 文化非常獨特，即使是荷里活，也無法把它順利吸收。過去，荷里活曾把《攻殼機動隊》、《銃夢》、《七龍珠》、《生死格鬥》等日本動漫作品改篇電影，卻一直水土不服，鮮有成功作品。有網民批評，荷里活翻拍日本動畫，總是完

西方動漫粉絲 COSPLAY，Tania Van den Berghen による Pixabay からの画像。

美地把原作毀容。記得那一位網民這樣說：「荷里活改編日本動漫的問題往往是，把荷里活的意識強加於作品之上，忽視懶理原作的靈魂。就像《攻殼》，如果不沿用那個以香港舊街道改成的未來城市風景，已經死得。」

　　荷里活精於商業計算，卻無法捕捉日本動畫的靈魂。假如，荷里活製片人以為，宅民喜愛動漫，只是單純因為「鹹濕」、「科幻」，所以攝製《攻殼機動隊》，只要複製出科幻要素，並保留充份突顯女性身體曲線的性感戰鬥服便行，那真是一場美麗的誤會。確實，日本動漫作品性描述幾乎毫無規範，但正如上一節所講，「萌」可以伴隨勃起，但勃起並非必要，色情只是日本動漫的靈魂所依，卻不是那個靈魂的本質。日本動漫文化中的色情，是像植物土壤一樣的東西，它是土壤、空氣、海水，其中的生命靠它孕育，但它卻不是其中的生命。

外國人粉絲抽扭蛋，作者攝於東京秋葉原。

萌沒有種族國籍之別

ACG 的靈魂

　　日本 ACG 文化的靈魂，是稱為「萌」的一種集體審美經驗，但「萌」是甚麼，卻不易説明。如果「萌」可以用錢變出來，荷里活就不會捉錯用神，把原作拍壞。可是，雖然難以説明，但凡是死宅，都必定能辨認出「萌」。掛羊頭賣狗肉，吸引不了宅。螞蟻只對真正的糖有反應，對代糖沒有反應。宅也是如此，只對貨真價實的「萌」有反應。美國人並非不能拍出「萌」片，美國已故天才動畫師 Monty Oum 就曾經拍出了「萌」味十足的 3D 學園戰鬥動畫 RWBY，橫掃了全球的宅文化圈。關鍵是，即便是荷里活，想拍出「萌」片，必須先讓其編劇和製作人充份地、滿滿地在御宅文化中浸淫十年八載，令其思想言行宅起來，像變態瑞士人 Melon Pan 那樣就沒錯了。「萌文化」雖然無分國界，但這不代表任何人都能成為光榮的死宅。

　　「萌文化」愛好者多為御宅族。一個文化在歷史中興盛起來，主因不在於那個文化的代表人物，而是在於它有一群生存處境接近、想法能夠互通的忠實實踐者、讀者、觀眾、參與者。日本動漫藝術創始於上世紀二次世界大戰之前，但至二戰後才急速發展起來，原因是戰後日本人普遍生活處境艱苦，只能在動漫中為自己構建和尋找在現實中不存在的終極理想世界。時至今日，日本社會雖然富裕了，但一般國民的生活壓力仍然十分高，這使得宅民繼續在動漫中尋找生存的意義，形成了一個強大的審美文化。曾經，有人稱這個文化為「可愛文化」、「御

宅文化」，現在則多稱為「ACG 文化」。基於「萌」是御宅族在歷史中長時間反思自己全部審美經驗所求得的結果，把這個文化稱之為「萌文化」，才最貼切。

萌文化的命名

　　雖然「萌文化」是個貼切的名稱，但論實用性和適用範圍，筆者較推薦「ACG 文化」。說到底，「萌」是硬核死忠宅民對自己文化的集體反思心得，但「萌文化」已被傳開到世界各地，接觸了更多「萌新」（可愛的新手），面向更廣大的非硬核受眾。對於廣大新受眾來說，特別是為這個文化的經濟力所震撼的各地企業要員和政府官員，「萌」是他們難以理解的東西，但他們大都知道甚麼是動畫（Anime）、漫畫（Comics）、電玩（Game）。為此，面向廣大的受眾，「ACG 文化」這個詞語更加適合。

　　《萌娘百科》說明，ACG「特指日本的動畫、漫畫、遊戲產業，其中遊戲多指包含美少女要素的遊戲。」沒有少女的 ACG，並不是 ACG 文化的 ACG。

　　在國內，「ACG」和「動漫」是相通詞語。考慮電玩（G）都基於動漫畫（AC）製作而成，稱「動漫文化」也相當適合。

　　「ACG」和「動漫」，都是以文化媒介載體命名。動畫（Anime）、漫畫（Comics）和電玩（Game）皆為媒體。但論到「萌文化」的主要載體，其實還有所謂的輕小說（Light

御宅聖地秋葉原，作者攝於東京秋葉原。

Novel），所以又有人取了 Novel 的 N 字，把「ACG」稱為「ACGN」。

　　其實，即使加上了 N（Light Novel），還是無法窮盡承載「萌文化」的全部媒體。NicoNico 與 Bilibili 是彈幕視頻，初音和洛天依是虛擬偶像和歌聲模擬軟體，Comiket 是同人誌即賣會，虎之穴是書店，秋葉原是御宅聖地，2ch、天涯論壇和 ptt 是御宅吐槽場所，推特是動漫信息分享網絡，Pixiv 是二創畫師練功和展出畫作的園地，御宅聚會必然少不了的 Cosplay，也是一種媒體。所以，我們就別太認真刁鑽，只要名字簡單易懂便好。

　　「ACG 文化」和「動漫文化」是面向外行人最方便有效的

名字，「萌文化」是據美學反思而取得的名字，「御宅文化」
則是據該文化的核心族群而取的名字。可以這樣說，御宅族的
生活方式，就是推動「ACG 文化」和「萌文化」的最大力量。
在日本，御宅族的生活方式，更在經濟學上產生了「御宅經濟」
和「御宅產業」這兩個名詞。

　　「御宅文化」一詞，大概
產生於 1980 年代，至今已有
三十多年歷史。最初，御宅族
躲在家宅中追尋自己的愛好興
趣。很快，他們發現自己並
不孤獨。他們通過同人誌即
賣會等各種特殊而瘋狂的集
體消費行為聯繫在一起。最
為人所津津樂道的，是東
京都有名的秋葉原電氣街
在 1990 年代逐漸變成御宅
族聖地。2019 年，秋葉原
街道周邊滿是動漫產品商
店，又有各種動漫主題女
僕咖啡店，其地標建築秋
葉原 UDX 駐有推廣動畫
的東京動畫中心，隔一
條街是唐吉訶德秋葉原

動漫展 Cosplayers，作者攝於香港。

動漫角色服裝作為媒體，能夠一下子把空間重新
定義。

24

店（連鎖雜貨商店），店內 8 樓即為有名女子組合 AKB48 的演出劇場。

御宅文化擴散到世界各地，向許多圈外人傳播，同時御宅文化自身也被稀釋了不少。本來，愛好動漫、電玩、輕小說是御宅的專利，但現在人人都懂一點動漫、電玩、輕小說、Cosplay，愛好 ACG 已非御宅族的專利，形成了流佈範圍更大的 ACG 文化。

「硬核御宅」並不只存在東京秋葉原。日本御宅文化向世界傳開，啟蒙了無數的海外受眾。在這些受眾之中，有人滿足於偶然欣賞一下動畫，這一類人屬於 ACG 文化。又有一些人，仿效日本御宅的認真態度，以瘋狂而專注的方式去愛各種 ACG 作品，在海外形成新的宅文化。在歐洲，行徑瘋狂的 Melon Pan 被稱為死宅，原因是他表述自己對 ACG 角色的愛的方式，已經青出於藍，比日本御宅族有過之而無不及。當然，因為歐洲人自身的開放文化使然，Melon Pan 的愛的形式少了一份大和文化的含蓄，所以已然是歐洲人自己的御宅文化。在中國，很多人也受到了日本御宅文化的啟蒙，並創造出屬於中國人的御宅文化。中國人仿效日本虛擬歌姬初音未來，在日本製作人的協助下，創造了屬於自己的虛擬歌姬洛天依。日本御宅的二創文化來到中國，結合了吐槽元素，又產生了各種有趣的吐槽角色，其中紅眼睛的北方醬，即源自日本的艦娘系列。她的許多吐槽梗如「然並卵」、「城會玩」、「活不過兩集」，無人不識，卻是日本所無，完全是本地品種的宅文化。在國家文化

產業新政策出台後，中日合作動畫製作愈來愈多，創出了日本所無的仙俠系列作品如《從前有座靈劍山》、《一人之下》等等。此外，中國電商文化與 ACG 文化相結合，亦催生了很多網上動漫商店，其經營者一般深諳動漫文化，達於御宅之境界。稱謂上，中國宅多棄了日本語中的「御」字，慣以「宅宅」自稱。

此外，ACG 文化也可稱為二次元文化，原因是 ACG 所指的三種媒體——動畫、漫畫、電玩，都是平面藝術，動漫少女在屏幕或漫畫頁面上展現各種的萌，有別於不那麼萌的現實人際關係。對於宅民來說，他們所愛的世界，與現實世界之間，有一道不可逾越的鴻溝，那就是二次元與三次元之間的境界線。宅民多單身狗，為此他們以戲謔方式「怨恨」在三次元世界有美滿人生的人（有男女朋友的人類），並稱之為現充（現實充實人類），也有 FFF 團和情侶去死去死團之說，「反對」一切現實世界的男女交往。其實這都是宅民對美好人生有所憧憬，以反諷的方式加以表達而已。「二次元」一詞，飽含御宅對美好生存方式的追求，在宅民心目中蘊含高濃度的情感能量。

既然「ACG」是面向外行人的說法，「御宅」又太過於硬核，難於普及，如果我們想找一個詞語，可以同時面向外行人和內行人，可以考慮「二次元文化」，因為「二次元」意思簡明，又有深意，外行人易於理解，內行人易於認同。

最後，讀懂 ACG 文化的內涵，就會發現「少女文化」才是它最原始的名字。

Girl Beats Boy！
日本動漫簡史八十年

日本動畫的起點
1950-60 年代

美國動畫文化產生，先於日本，受到美國動畫文化的啟發，日本人才萌生了創造動畫的想法。據知，日本漫畫之父手塚治虫，年幼時甚喜歡迪士尼動畫。在手塚治虫出道前後，深受兩部動畫感動，一是迪士尼《小鹿班比》，一是中國動畫《西遊記鐵扇公主》。此後，動畫發展在中美日三地各自發展。在中國，動畫發展受政治動盪影響而停滯了很長的時間，直至 21 世紀初才重新發展起來。美國動畫有

動漫展展場內的一角，作者攝於香港，Retouch 強調對比。

ACG 的近代史，是少女興趣取代男子興趣的歷程。

如長青樹，一直為人津津樂道。不過，形成今日御宅文化的，
卻不是美國動畫，而是日本動漫。日本動漫畫何以能夠青出於
藍？箇中因緣，實在耐人尋味。

日本動漫畫發展，始於第二次世界大戰以前，於二戰之後
快速發展，並於 1960 年代開始與美國動漫分庭抗禮。

1945 年戰敗之後，日本人無
須再在軍事擴張上傷腦筋，專心
一意作為戰敗國，重建國家經
濟。日本人素來酷愛工藝美術，
現在無須打仗，終於能夠全心全
靈投入創作。另一邊廂，戰後
日本人家庭破碎，國民貧困交
逼，亟需通俗藝術給與的心靈
治療。於是，日本動漫畫事業
發展自 1950 年代起步入直路，
日益蓬勃。

1960 年代，日本動漫多
以男孩子為主角，以少女為
主角的作品不多，像手塚治
虫的《原子小金剛》、藤子
不二雄的《海之王子》、
橫山光輝的《巴比倫二世》
等，主角皆是男孩子。及

手塚治虫展覽，作者攝於香港。

鐵臂阿童木，在香港播出時稱小飛俠。

鐵甲萬能俠女英雄，作者藏品攝影。

三位美人駕駛女性機械人支援主角，但戰力總是不足，戲份有限，脫不了英雄救美的橋段。

至 1970 年代，機械人動畫與英雄動畫發展至最高峰，主角幾乎清一色男生，少女角色只是陪襯花瓶，例如《鐵甲萬能俠》主角是兜甲兒，女主角弓莎也加只擔當支援角色。故事中的敵人，只能由主角機以絕招高熱光線解決。反之，女主角機木蘭號（日語原名アフロダイ A）性徵突出，兩枚裝填在胸部的乳房飛彈，謂之愛美神飛彈（笑）。兩枚飛彈性暗示滿滿，卻幾乎沒有實效，反映當時動畫故事仍然重男輕女。除了《鐵甲萬能俠》系列，《三‧萬能俠》、《幪面超人》和《奧特曼》等，也是如此，主角必是男生，即使是強調團隊合作的《超級戰隊》系列，主角紅戰士也必定由男性擔當，從來沒有由女戰士擔當的紅戰士。

性別地位在作品中逆轉
1970 年代末

　　由 1970 年代末起，日本動漫男女地位開始逆轉。元祖《機動戰士高達》1979 年首播，主角阿寶雖然是男生，但女性角色不再扮演花瓶，她們有自己的想法、個性，他們做出自己的決定，不為男主角所左右，甚至引導了阿寶的成長。娜拉如是，茜拉（馬莎妹妹）如是。女軍官瑪奇露達更是如此。對於阿寶，瑪奇露達有如母親、老師、前輩一樣，她不需要阿寶救助，反而出於自己的意志和計謀，為了救助阿寶和木馬號而犧牲自己。元祖《機動戰士高達》的故事，深深地印在當時身為少男少女的觀眾心裏。

高達模型，作者攝於香港。

女性角色在高達故事系列中舉足輕重。

動漫雜誌讀者投票活動（ANIMAGE，八卷六號，1985，德間書店），作者藏品掠影。

日本動漫雜誌所辦之各種讀者參與活動，促進了御宅族的集體身份認同。圖中所見 1980 年代上榜作品《機動戰士高達》和《超時空要塞》，女主角在故事中的活躍度和重要性，都已超過了 70 年代的傳統機械人動畫。

淺草雷門高達，作者攝於東京。

少女版風神雷神，作者攝於東京成田機場。

淺草雷門風神雷神

旅遊日本，東京淺草雷門幾乎是必訪之地，門前的風神雷神像，給人留下深刻印象。過去，淺草雷門曾以高達招徠旅客。然而，在萌少女之風吹起了的近期，風神雷神一度化身少女，在機場迎送到訪旅客。化身為少女的風神雷神，威嚴不減。

　　那麼，以少女為主角的日本動漫畫故事，在甚麼時候出現？又由甚麼時候開始取代以男孩故事成為主流？那是另一個「一匹布咁長」的故事。

少女漫畫的起點
1938-1955 年

少女漫畫最早可追溯至 1938 年松本勝治所作的《咕嚕咕嚕久留美妹妹》，《久留美妹妹》刊載於《少女之友》雜誌，屬於日常系短篇故事，故事是圍繞久留美妹妹發生的家庭趣事，與今日的櫻桃小丸子是同類作品。

1952 年，手塚治虫開始連載《原子小金剛》。翌年，他注意到了國內的少女讀者，於是為她們創作了長篇少女漫畫《藍寶石王子》。故事起於小天使的惡作劇。小天使把一顆男孩的心放進了小女孩的靈魂內，讓身為女兒身的藍寶石公主，變成了王子。可是，國家規定只有男孩才能承繼王位，藍寶石公主自小就被當成男生養育成人，每天女扮男裝，化身王子，與企圖奪取王位的大臣杜立明公爵周旋到底。可是，身為女兒身的她，又無可避免地陷入與鄰國王子法蘭茲的苦戀。如此，手塚治虫就寫出了戰後第一個經典的少女漫畫。

手塚治虫展覽，作者攝於香港。

日本漫畫之父，為小女孩讀者揮筆，成為日本少女漫畫之先鋒。

32

《藍寶石王子》故事以雙性身份為主題，主角同時兼有男女兩性的特徵。無獨有偶，戰後日本女性瘋狂迷戀寶塚歌劇團演出中的男役女優（扮演男性的女演員）。日本女性無論老少，都對曖昧性別角色情有獨鍾。

　　《藍寶石王子》建立了少女讀者群之後，第一位被譽為「女手塚」的女性少女漫畫家水野英子也在 1955 年出道。

　　水野英子曾創作《紅毛小馬》、《銀色花瓣》、《星之豎琴》、《FIRE！》等少女漫畫名作，又曾經與石森章太郎和赤塚不二夫等有名男性漫畫家合作，以 U‧MIA 的筆名發表《赤火與黑髮》、《星悲》、《暗闇之天使》等作品。水野英子把手塚治虫的電影式漫畫表現手法在少女漫畫中發揚光大。更重要的是，水野英子為少女漫畫注入了真正的女性視點，這是手塚等先代男性漫畫家永遠無法做到的事。水野英子的作品，無論在衣裝設計、髮型描寫、顏色運用和戀愛表現上，都把女性的感性在漫畫中昇華和發揮到一個前所未有的層次。

　　在水野英子以先，無論是手塚和石森，都意識到有必要為少女讀者寫漫畫，並且身體力行。手塚創作了《藍寶石王子》，石森章太郎創作過《水色之緞帶》。也許，他們都意識到自己身為男性的局限，又看見水野的潛能，就乾脆把她培養起來了。當時，手塚治虫、藤子不二雄、石森章太郎等初代漫畫家到東京工作，為了方便與編輯通宵達旦討論作品，不致妨礙鄰居，便一起搬到位於豐島區南長崎三丁目的常盤莊居住。從此，常盤居成為了初代日本漫畫家的搖籃，成為漫畫界的佳話。在早

期眾多女性漫畫家之中，水野英子是唯一曾經在常盤莊生活過
的女性漫畫家。

　　水野英子開始畫漫畫的契機，在小學三年級。當時，手塚
治虫把創作漫畫的心得畫成漫畫，名為《漫畫大學》，這個作
品讓水野英子獲得很大的啟發，並立下要成為漫畫家的志向。
幫助水野英子出道，讓她住進常盤莊，與前輩大師共用筆名發
表作品，可以說是初代漫畫大師的一番心意，也是一種儀式，
他們要通過儀式，親手把少女漫畫家的棒子交給一位新晉的女
性漫畫家。當然，培養水野英子的，並不只有幾位初代漫畫大
師，還有編輯丸山昭。一幫老男人，共同培養出日本第一位優
秀女性少女漫畫家，這就像父親們欣喜地祝福女兒成才一樣。
這種光景，說明日本雖然是個父權等級社會，但日本人的兩性
和長幼等級關係並不是鐵板一塊，尤其是在漫畫、文學、藝術
領域，日本人普遍能夠超越兩性間和年齡間的隔閡，唯才是愛。
話說，在日本發行的五千円鈔票上的，不是別人，而是年僅 24
歲便與世長辭的天才少女小說家樋口一葉。

　　日本初代男性漫畫大師們，愛他們筆下的少女角色，愛少
女讀者，愛擁有漫畫才華的少女作者。在他們眼中，少女是日
本的寶物。

日本漫畫家著作的漫畫入門書籍，作者藏品攝影。

右兩本作者是手塚治虫，左兩本作者分別是高橋留美子等漫畫家與鳥山明。

花之二十四年組
1970 年代

　　日本人對漫畫的愛，確實代代相傳。正如手塚的漫畫感動了水野英子，水野英子的漫畫也感動了一些有潛質的女讀者，使她們在 1970 年代崛起成為新一代的少女漫畫家。

　　1970 年代崛起的新晉女性漫畫家，大多生於昭和二十四年（西曆 1949 年），因而獲得了「花之二十四年組」的美譽。花之二十四年組包括了青池保子、萩尾望都、竹宮惠子、大島弓子、木原敏江、山岸涼子、增山法惠等漫畫家，她們每一位都

曾經從自己獨有的視點出發，進行自由的漫畫探索與實驗，為
少女漫畫注入了新技法、新風格、新題材、新氣氛或新元素，
把少女漫畫推至前所未有的境界，例如科幻、奇幻、吸血鬼和
少年愛等少女漫畫元素，都是前人作品所無。

花之二十四年組讓少年同性愛題材漫畫故事成為潮流，是
最出人意表的發展。

竹宮惠子《風與木之詩》和萩尾望都《湯馬斯的心臟》，
兩個作品都以學校宿舍少年男孩之間的同性愛為題材。有人問
過萩尾望都為何寫少年愛故事。萩尾說，她曾想過把主角寫成
女性，並快速畫了幾個畫面，
最後還是覺得，主角寫成男
性比較自然。

少女漫畫展品，作者攝於九州小倉。

竹宮惠子的《風與木之詩》，自 1976 年開始連載，三年後獲得小學館漫畫賞少年少女部門獎項，象徵少年愛漫畫正式為出版業界所肯定。一般認為，《風與木之詩》創始了現在已經自成一格的 BL（Boy's Love）漫畫類型。

　　其實，竹宮惠子創作《風與木之詩》，並不是一帆風順，在她構思作品之初，據說曾經因為作品中性愛描述的尺度引起爭議，令作品拖了九年才能出版。竹宮如此解釋她為甚麼畫少年愛。她說，當時只要畫出男女在床上四腿交纏，就會給警察問話，因此她索性改畫少年同性愛。她想，既然男對女不行，那就試試男對男吧！原來，在 1970 年代，間接促成少年愛少女漫畫誕生的，竟然是日本警察。

　　當然，竹宮只是說笑而已。實際上，少年愛漫畫受到廣大少女讀者歡迎，為出版商帶來了穩定的利潤。可是，少年愛故事的主角，明明都不是少女，與少女一丁點兒關係也沒有，何以能讓少女讀者如此着迷？

　　有論者嘗試解釋，指少女讀者在少年角色身上看見自己，少年角色在漫畫同性愛關係中表現的，是一種被替換了的女性氣質。的確，在少女漫畫中的男孩子，並不是英雄機械人漫畫中的熱血剛毅男孩。在少女漫畫中，男孩子總是被自己心裏種種纖細的感情矛盾折磨，設定上雖是男生，氣質上卻更加靠近少女。

　　除了少年愛，另一個漸漸崛起的題材是少女同性愛，又稱百合。1970 年代山岸涼子《白色房子的兩人》、池田理代子《只

有兩人》、一条由加利《摩耶的葬列》等都是百合少女漫畫的
代表作。池田理代子經典作品《凡爾賽玫瑰》也含有百合元素。
百合的歷史比少年愛更悠遠，可以追溯至 20 世紀初吉屋信子所
寫的少女小說。

可圈可點的是，少女愛和少年愛，雖然都關乎同性愛，但
在審美品質上，這類故事與西方同性戀截然不同，也沒有任何
繼承關係。它們純粹是日本女性畫家為了滿足自己和少女讀者
而度身訂造的故事。少年愛的主題雖然是男性同性愛，但對象
卻不是男同性戀者，而是日本國內一般的少女讀者。所以，日
本少女漫畫中的少年愛和少女愛，是純粹在地文化，並非全球
化下同性戀文化的延伸，兩者不可混為一談。同樣，也因為少
年愛與少女愛是純粹的在地文化，日本業者並沒有主動把它們
推出國外，所以這類故事具有很強的文化特殊性，首次接觸這
類故事的外國人，必定會感受到若干程度的文化衝擊，覺得不
可思議。

漫畫鬼才高橋留美子
1970 年代

1970 年代，是少女漫畫迅速萌芽的時期。至 1980 年前後，
少女漫畫逐漸把漫畫中少年和少女的地位逆轉。當時，喜劇漫
畫家高橋留美子人氣甚高，她的作品主角雖然多為少年，例如
《收穫星的小子們》的諸星當、《亂馬 1/2》的早乙女亂馬、《相

高橋留美子自選複製原畫集：《收穫星的小子們》（小学館），作者藏品攝影。

高橋留美子稱得上是 1980 年代的漫畫界鬼才，擅長少年喜劇，但處理神怪和愛情主題，同樣駕輕就熟，甚為多產。作者按：很難想像沒有高橋留美子，自己的童年會變得何等的枯燥！

聚一刻》的五代裕作，但有別於傳統英雄機械人作品，這些少年角色不再決定故事流向，高橋筆下的少女角色每一個都甚具個性，而且推動故事發展。一男多女的故事設定，素有後宮漫畫之稱，寓意男角猶如國王擁有一眾後宮妃嬪，表面上為少男讀者提供福利，但隨着故事發展，少女人物鋒芒蓋過男主角。再者，在所謂後宮之中，偶然也發展出繞過男主角的少女愛關係。這時期的漫畫發展，不只技術進步，故事意識形態也逐漸蛻變，女角能動性提高，跳出花瓶框框，走出了屬於她們自己的路。

少女角色受到愛戴，不是因為她們穿得少，而是因為她們行動愈來愈難預測。受眾萌上少女，不是單純出於身體反應，這就進入「萌」的境界了。《收穫星的小子們》少女角色在十名以上——阿琳、阿蘭、弁天、雪女、阿忍、龍之介（女扮男裝）、面堂了子、櫻花、克拉瑪和飛鳥，儼如後宮。不過，主角諸星當享受的卻不是溫柔鄉，而是女孩子們的自把自為、鄙視的目光與無盡的作弄，包括了阿琳的無限電擊。

在高橋留美子的漫畫裏，少不了性別曖昧的人物。《收穫星的小子們》的龍之介，明明是少女，父親卻把她當成男孩來養育，長大了穿一襲男生校服，以布帶束胸，遮掩作為女性性徵的乳房曲線。在代表作《亂馬 1/2》，少年主角早乙女亂馬，在練功時掉進受到詛咒的娘溺泉，遇熱水即變成女孩，但又可以隨時恢復男兒身。亂馬苗字（姓氏）為早乙女，似乎就是一個象徵，表示他生來注定又男又女。

亂馬 1/2 手辦景品，作者攝於東京秋葉原。

又男又女的人物設定，並非日本獨有，我國戲曲也有花旦和反串。然而，對於性別倒轉為當事人帶來何種感受，日本動漫的描寫更為豐富細膩。如果男性追求女性，是因為女性擁有男性沒有的身體，那麼男性擁有了女性身體後，還有必要追求女性嗎？想揉奶子，揉自己的就可以了。這就是《亂馬 1/2》故事中一個經典的梗。亂馬既然擁有了女性的身體，仍然喜歡有點男仔頭性格的女主角天道小茜，那麼這種愛，不就是超越了荷爾蒙力量的愛嗎？

美少女粉絲的「覺醒」
1990 年代

1990 年代，少女漫畫家武內直子創作《美少女戰士 Sailor Moon》，把傳統的戰隊英雄系列慣例完全顛覆。一個排除男性的全少女戰隊，首創了戰鬥美少女熱潮，改編動畫多達五個系列，無論在主題曲流行榜、玩具銷售和收視率上在當時都創出新紀錄。《美少女戰士》並非沒有男主角，但故事主力描寫美少女戰士間的友情、關係和戰鬥，男主角地場衛的戲份幾乎是零。

《美少女戰士》對一些女性觀眾而言，兩位女角色天王遙與海王美智留之間的同性愛關係，才是最大的啟發所在。有粉絲稱，《美少女戰士》把曖昧的女同性愛帶入電視，讓她們深受衝擊、感動，然後「覺醒」了。所謂「覺醒」，意思就是體

會到少女愛情節的美好，從此成
為這一類作品的粉絲。

　　《美少女戰士》大受歡迎，
代表粉絲和作者都不約而同地
覺得，少年英雄故事已經老掉
牙，是時候淘汰了。在少女角
色領跑的新時代，男創作人
幾原邦彥於 1997 年領導 BE-
PAPAS 團隊，創出經典作《少
女革命歐蒂娜》。當時，《少
女革命》動漫畫同時面世，
動畫由幾原邦彥擔任監督，
漫畫由齊藤千穗負責執筆。

　　《少女革命》講述女
主角天上歐蒂娜年少時曾
為一位王子所救，從此作
男裝打扮，憧憬自己成為
王子，長大後歐蒂娜入

美少女戰士月野兔陳列手辦，作者攝於香港。
美少女戰士是劃時代作品，是推進日本 ACG 全
球化之王道之作。

學鳳學園，決心保護柔弱但隱藏革命力量
的姬宮安茜，不斷與挑戰者決鬥。此品被認為是百合傑作。

動畫師作品展宣傳，作者攝於東京墨田。

幾原邦彥處理少女題材動畫，別樹一格。

1998 年，另一部百合經典《聖母在上》出自今野緒雪之手。今野並非漫畫家，而是小説家。《聖母在上》的舞台莉莉安女子學園，是 20 世紀初日本基督教女學校的寫照，故事關於學生會一些前輩與妹妹們的親密關係，這種關係以法語稱為 Sœur，意思是「姊妹」。當高年級的學姊看上了新入學的學妹，可把一串玫瑰念珠送給學妹，假如學妹接受，二人即結成「Sœur」關係。翻查歷史，這種關係並非今野所創，明治年間日本基督教女學校學生之間，確確實實流行過類似的風俗。由於小説大受好評，作品在 2003 和 2004 年分別被改篇為漫畫和動畫推出，把百合純愛發揚光大。

在 2000 年前後，《少女革命》與《聖母在上》兩個百合作品受到好評，與此同時，像《鐵甲萬能俠》那樣的少年英雄機械人作品買少見少，反映少女力量已超過了英雄，受眾厭倦了正邪對立的英雄故事，對少女內心的糾結更有共鳴。

步入 21 世紀，少女在 ACG 文化中的核心地位已經確立，除了 Boy's Love 作品之外，幾乎沒有哪個作品沒有少女。即使是《蒼天之拳》這類筋肉味十足的作品，也少不了少女角色。

趣味轉向
2000 年代

　　ACG 作品重心由少年向少女轉移的勢頭，也可見於鎌池
和馬的《魔法禁書目錄》。2004 年，鎌池開始連載《禁書目錄》
小說，故事仍為後宮佈局。然而，因應讀者的審美趣味變化，
作者於 2007 年推出外傳故事，把《禁書目錄》受歡迎少女角色、
外號「超電磁砲」的御坂美琴升為主角，主力描寫她與三位同
性好友（姬友）在學園都市守護愉快日常的故事，原男主角上
條當麻降級配角，百合味十足，取名《科學超電磁砲》。設定
上，御坂美琴對原男主角當麻雖有異性好感，但這種異性戀關
係被女孩子之間的「友情」（姬情）完全覆蓋，例如女主角好
友白井黑子，就對御坂表現出瘋狂的戀慕態度，常以「姊姊大
人」稱呼美琴。由《禁書
目錄》到《超電磁砲》，
故事重心在性別和戀愛
取向上明顯發生轉移，
表明受眾的審美趣味發
生了根本上的變化。鎌
池和馬捕捉到受眾的審
美趣味變化，在 2013
年內，他的小說單年大
賣達 1,400 萬本。

黑子與姊姊大人，作者藏品情景攝影，Retouch 營造氣氛。

日本作者與出版商對讀者趣味轉向十分敏感，《超
電磁砲》為讀者提供了滿滿的百合趣味。

除了《超電磁砲》，厭男審美一度成為了動漫新作的慣例，像《K-ON》、《天才麻將少女》、《艦娘》、《少女與坦克》等故事，完全把男性角色排除，讓粉絲們得以忘我地沉浸在一個不存在雄性的愉快世界之中，女孩子之間你儂我儂，絮絮細語，把男性性衝動完全排除，讓人獲得出乎意料的治癒和溫暖，派生出所謂日常系和治癒系的作品路線。日常系和治癒系沒有宏大敘事，在故事中沒有人必須完成任何特定任務，世界在女孩子對話互動之間運轉，也可以不轉，轉快轉慢，完全隨意。日常治癒系故事，一般沒有男角，因為在日本社會男性被賦與了太多太多目的與任務，所以男角出現，必定破壞美好的日常，不但不治癒，還製造創傷。自 2009 年開始連載的漫畫《悠悠哉哉少女日和》，屬於日常百合系的經典，四個少女在偏僻鄉村生活，身邊幾乎只有田，學校只有一所，由於學生人數太少，老師只有一位，不同級別的學生，一同隨隨便便地上課。故事中並非沒有男孩，女主角之一越谷小鞠有一位哥哥經常串場，但為了不讓他的男性氣質破壞氣氛，作者刻意把他設定為無口（從不說話）。這種處理，似乎比閹割更加奏效。

出乎意料，厭男百合作品如雨後春筍出現，並沒有把男性受眾趕跑。也許，就連現實中的男孩子，也受不了現代日本社會強加給他們的男性氣質，因此收看日常百合動畫，反而得以在精神上獲得救贖。

魔法少女的經濟奇蹟
2010 年代

2011 年，新房昭之與虛淵玄聯手炮製《魔法少女小圓》，成為獲獎甚多的百合經典動畫作品，產品銷售額高得令人瞠目結舌，甚至在全球範圍一度創造出稱為「小圓經濟圈」的奇蹟。據統計，《小圓》推出 30 個月，便已經為日本帶來高達 400 億日圓的經濟收益，反映百合文化就如小圓的魔法弓矢那樣，超越了時空地域限制，接觸（救贖？）了日本海內外的宅民，達成了荷里活之外的另一個全球化。

《魔法少女小圓》是一部典型的百合戰鬥美少女作品，強調少女之間的互相依託——在殘酷功利的世界裏，世界只為榨取而賦與少女希望，只有同為魔法少女的另一個人，才能互相理解，並託付生命。《小圓》創造的奇蹟，為少女百合動漫立下了一塊耀目的里程碑。

誠然，少女崛起，並不表示少年角色不再有地位。對應少女崛起，逐漸被揚棄的，主要是背負着宏大敘事的少年英雄。所謂宏大敘事，大抵是拯救地球、殲滅邪惡、彰顯正義這一類主題。摒棄宏大敘事，可說是後現代的必然趨勢，現代社會提出理念，後現代質疑理念。因此，自從《機動戰士》以來，備受質疑最厲害的宏大敘事主題，就是「正義」。故事中的野心家，總是以正義的理由把自己的作為正當化，例如《機動戰士》馬沙為了「促進人類進化」而企圖使小行星墜落地球。《FATE/

MADOKA MAGICA CINEMA ISSUES，別冊，MEGAMI MAGAZINE，DEC 2012（学研），作者藏品掠影。

《魔法少女小圓》是在 2011 年 311 地震前後播出的作品，作品主題是少女的絕望與救贖，陪伴了當年的日本人走過災厄，其價值不僅僅在於經濟。

STAY NIGHT》衛宮切嗣以犧牲少數拯救多數為實踐正義的原則，結果使數不清的人喪命。「你的正義不等於我的正義」，像這樣的聲音滲透在新一代日本動漫的許多作品之中。當少年仍然糾結於正義，少女遠離宏大敘事，她們不是回歸治癒日常，就是為百合姬友而戰。總之，她們對拯救地球沒有興趣。

在《小圓》故事中有這樣的一幕——小圓和小焰與最強魔女戰鬥，兩人耗盡魔力，靈魂寶石混濁得無法挽回。當二人快要墮落成為魔女時，二人躺在瓦礫堆中，小圓對小焰說：「我們變成魔女後，一起把世界弄得一團糟也不錯呢！」由此可見，少女之間的愛，比所謂正義和拯救世界的使命更加重要。

以少年為主角的受歡迎作品，其實不在少數，例如《刀劍神域》、《反逆之魯路修》、《機動戰士高達鐵血之孤兒》、

《魔法科高校的劣等生》、《FATE》等，但在這些作品中，少年角色並非至高無上，有資格判斷他們的，不再是毫無疑問的正義和客觀戰力，而是他們身邊的少女，例如《刀劍神域》阿絲娜之於桐人、《劣等生》妹妹深雪之於哥哥達也、《FATE》Saber、櫻和凜之於士郎。在《反逆之魯路修》，近乎無敵的少年魯路修，他把世界弄得翻天覆地，皆是為了身邊重要的女性，例如不死巫女 CC、皇妹尤菲米亞和妹妹娜娜莉。也就是說，少年動漫作品的新生命，力量皆源於少女。

步入 21 世紀，觀眾的後現代審美趣味愈來愈突出，觀眾不再相信正義，更加看重日常。以無目的為目的之生活體驗，是少女的本質。逐漸，在新舊動漫作品的輪替之中，少年的中心地位逐漸被少女替代。

《喧嘩番長乙女》有一個醒目的副題—— Girl beats boy，可說是形容當代 ACG 文化最貼切的一則批語。

Girl beats boy 的趨勢，不限於故事角色，也發生在創作人和受眾層面之上。女性創作人增加，女性受眾主導動漫活動方向，而男生受眾走向草食化。Girl beats boy 一語，可謂概括整個 ACG 文化發展的方向！

少女出於明治

明治以前無少女

在日本明治時代以前，世界上沒有少女。

此話怎講？

固然，自有人類以來，就有女童，即年紀小之女性。然而，在 ACG 文化中被發揚光大的「少女」，出於日本特殊的歷史時空之中，其實並不是普遍意義上的女童。

明治初年日本女童，PUBLIC DOMAIN/NYPL。

女童像大人一樣工作，是小大人，不是少女。

日本動漫中的少女，她們所表現出來的生活方式，讓很多動漫愛好者所憧憬，但假如我們把故事中的少女，換成天天趕補習的香港女童，故事中的所有韻味即消失殆盡。所以，我們必須認識一個事實，「香港女童」與日本動漫中的「少女」，分別歸屬於兩個不同的世界，是截然不同的觀念。

　　今田繪里香是一位專門研究少女的學者，著有《少女的社會史》一書。她指出，在 17 世紀後期以前，世界上並不存在作為愛情與教育對象的「兒童」。今日我們稱為「兒童」的孩子，在中世紀歐洲，年齡滿七歲，便立即成為「小大人」，須與大人一起參與勞動。至 17 世紀，「小大人」才逐漸變成需要保護和教育的「兒童」。

　　以上的概念，也許讀者一時無法領悟，因為在我們現代的語言中，並不存在「小大人」這種說法。對一般人來說，小孩子年齡未足，就是「兒童」，而「兒童」就是會買玩具的孩子、上街去必須有成人陪同的孩子、不得不去上學的孩子。現代社會對「兒童」定下了諸多的規範，不允許他們做「兒童」以外的事情，例如當童工。因此，現代「兒童」和 17 世紀「小大人」，雖然在生理特徵上相同，但他們的社會生存方式完全不同，所以「兒童」與「小大人」並不相同。所謂「小大人」，是必須參與成人勞動的孩子，他們不會上學，社會也不刻意立法保護他們。

　　同樣，正如現代社會沒有「小大人」，日本明治時代以前，世界上也沒有「少女」，因為 6 至 12 歲的女孩，只是「女童」，過了 12 歲成為「人妻」，或者成為「遊女」或「花魁」，即風塵女子。

明治時代孕育了少女

　　那麼，在日本明治時代，究竟發生了甚麼事，讓好些「女童」得以成為「少女」而誕生，然後又讓當代動漫作品不住地謳歌「少女」的故事呢？

　　話說，在明治維新以先的日本江戶時代，有兩種女童，一種長大於公家和武家，這一類女童，年齡滿足後被命定成為人妻，一生服侍丈夫，其性命不屬於她自己。另一種是一般農家女童，她們一生無名無姓，沒有苗字（姓氏），長大了就隨便跟誰一起生兒育女，並在田裏工作，也就是所謂的小大人。無論是前者還是後者，那個時代的女童並沒有享受青春期和體驗少女感情的機會，所以不叫做「少女」。

　　然而，明治維新製造了契機，令「少女」出現。

　　江戶幕府垮台以後，新政府大力引進西方文明，為了文明開化，一度提倡男女

課後少女，少女之友創刊一百週年紀念號，2009（實業之日本社），作者藏品掠影。

一百年前的日本少女學生生活實況，並不容易還原。想抓住當年女生校內生活的實然情景，還是參看當年少女雜誌的插畫比較靠譜。插畫師悄悄觀察了學生的動靜，然後親自把印象繪畫出來。

平等，發展女子教育，結果在新政府和西方傳教士的努力下，
日本開辦了不少女子寄宿學校。

本來，日本女童的任務，就是在長大後成為人妻。然而，
女子寄宿學校的出現，要求女童在嫁人以前完成學業，間接令
女童「長大」的年限延遲了。這是一個簡單的加法。沒有學校
以前，女童至 11 歲就算為「長大」了，但有了學校之後，女童
必須完成學業才算為「長大」，那麼完成高中學業，女童一般
已年屆 17 歲，於是「長大」的年限就延長了大約六年。

在畢業以前，女童就學，被允許專注於學業，暫時不被要
求履行嫁人為妻的社會責任。另一位學者本田和子稱這段學生
時期為「延期償付」期。她說，學校宿舍雖然是「監獄」，剝
奪少女的自由，但同時也成為了少女們的「避難所」，保護她
們免受外界的傷害，讓少女們可以躲在學校宿舍內，編織夢想，
有如把自己包藏在繭中，直到長大，被逼飛出繭外為止。所謂
「延期償付」，意思就是女孩們欠社會的債必須償還，但償還
的時期可以推遲一點。那個債是社會向少女們追討的，女童必
須依照社會要求，在長大的一刻嫁人為妻，並為男人生兒育女，
直至終老，這個債項才算得上完全清還。

正是因為明治政府推動女子教育，當時的日本女童才得以
享受一段史無前例的在學青春時光。在學校生活，在畢業前無
須履行嫁人的社會責任，可以任意把握一節短暫的自由人生。
那些努力在這個時間狹縫內享受青春的女孩，才是我們所講的
「少女」。

明治初年日本家庭 · PUBLIC DOMAIN/NYPL

在日本傳統的家庭之內，妻子事事以丈夫為先。

也許，讀到這兒，讀者想要問：「嫁人不是喜事嗎？用得着把嫁人說的那麼可怕嗎？」

一般人認為嫁人是喜事，是因為現代社會已經普及了自由戀愛。在現代的制度下，嫁人是出於男女雙方共同的意願。我們習慣了在婚禮上，由牧師、神父或證婚人詢問新郎新娘雙方是否出於自己意願與對方結合。然而，日本古來的傳統婚姻，不是出於這一種自由戀愛。而且，日本傳統文化有所謂的「家制度」，高度規範了婚姻中的男女角色，日本女性作為人妻，生存處境比我們在公司工作的規範有過之而無不及。

日本 NHK 電視台一齣大河歷史劇《花燃》，講述日本人明治維新的故事，但故事中有這樣的一幕。女主角阿文下嫁維新志士久坂玄瑞，兩人雖然屬兩情相悅而結合，但基於傳統規範，每當丈夫久坂回家，鏡頭都忠實地記錄着阿文下跪向丈夫行禮的儀式。在幕末與明治維新的交接時期，男女雙方出於自由戀愛結合，已是破格，但即使如此，也還破不了傳統規範的

53

婚內男女關係。現代華人家庭沒有妻子向丈夫下跪這樣的家規，因此我們很難想像，一名女性在日本傳統家庭生存，是多麼的艱難。

也許，以「上班」比喻日本人傳統的「家」，讀者更容易理解。我們每天往公司「上班」，工作受到束縛，但下班回到家裏，我們就自由了。可是，對傳統日本女性來說，「家」才是她們上班的地方，而且在家上班，並無上班和下班的分界線。換言之，傳統日本女性嫁人之後，全日 24 小時受到嚴格規範，比返工還要辛苦。在日本社會，這種生活方式被稱為「家制度」。

「家制度」在日本由來已久。明治維新之後，改革家福澤諭吉一度倡議引入西方的自由家庭觀念，但好景不常，改革家敵不過復古勢力。男女平等組成家庭的美夢，在 1898 年宣告破碎。當時，明治政府頒佈了新民法，賦與一家之戶主在家中享有絕對權力，把本來只有武士階層才有的家制度，普及到全國家庭。

二戰後，美國強逼日本取消「家制度」，但基於慣性使然，至今很多日本男性老人依然把「家制度」視為天經地義。

除了「家制度」之外，明治政府亦由 1885 年起在全國推行「良妻賢母教育」，要求女性犧牲自己的人生，為男人相夫教子。

花樣校園，少女之友創刊一百週年紀念號，2009（實業之日本社），作者藏品掠影．Setting 花圈烘托。

少女之友提供了難得的彩繪，讓我們能在一個世紀之後瞥見當年日本女孩子們的校園生活。她們穿怎樣的校服呢？她們聯群結隊玩耍嗎？她們的姊妹情誼深厚嗎？我們全都想知道。

對家制度的反叛

　　專研日本少女文學的學者，幾乎都同意「少女」身份在日本出現，是日本女孩對於「良妻賢母」身份的集體精神反抗。家制度尊崇家庭等級多於個人，未能提供真正的家。「良妻賢母」觀念把女性困在家中，使女性屈從於丈夫，日本女孩為了暫時逃避這個壓迫，才把自己重新建構成為「少女」。學者赤枝香奈子指出，當時結婚對女性來說是一種義務，夫妻間的關係既不自由，也不對等，但女性覺醒，使她們別有追求，女校正好讓年輕女性暫時割斷血緣和地緣的束縛，逃避結婚的義務。

換言之，對當時的日本年輕女孩來說，畢業後的人生不屬於自己，所以她們盡情享受求學期。在求學期內，家族暫時對她們撒手不管，不妨礙她們做任何事，讓她們獲得片刻的自由。因此，所謂「少女」，就是一群處境相近的女孩，「少女」這個稱謂包含了她們對傳統父權的全部反抗和妥協。

觀眾欣賞日本動漫，也許常有這樣的一連串疑問：

「為甚麼這麼多故事發生在高中？」

「為甚麼故事總是關於青春？」

「她們用不着考試和做家課嗎？」

日本動漫吸引我們，是主角少女們那種在校內無憂無慮、完全沒有功課壓力、自己喜歡做甚麼就做甚麼的生活。她們可以完全不介意功課壓力，全心全意享受校園青春，原因只有一個——無論她們考得好還是考得不好，家課有沒有做完，甚至出席率夠還是不夠，畢業後的命運都是一樣——在家作為妻子服役直至年老。求學期是她們整個人生唯一的自由時光，而且升上高中，這個自由時光更是所餘無幾。趁這個時光盡情發夢的，就是少女。畢業那天，就是少女時光的終結。

第一代少女
的青春饗宴

大和撫子

　　日本女性給外國人的印象，是溫馴、服從、賢慧的大和撫子。

　　這個印象不完全錯，這是日本社會文化使然。日本作為東方社會，對於國民的約束主要在家庭文化傳統上。大約自八歲起，日本人的家庭教育漸趨嚴謹，孩子在成長過程中，已明白長大後自己要背負何種社會責任。男孩會被要求繼承父業或者成為勞動者，女孩也知道自己將要嫁人，為一個男人生兒育女，並且為了做好這個責任而好好準備自己。

　　在西方國家，只有小量大學提供家政科課程，但在當代

大和撫子，PUBLIC DOMAIN/NYPL

大和撫子，既是對溫柔賢慧日本女性的美稱，也是日本社會賦與女性的行為規範。

日本，在近八百間大學裏，就有逾五十間大學提供家政或相關
課程，修讀家政科的大學生人數與理學、農學、藝術科相若。
當然，修讀家政科的學生，九成以上是女性。由此可見，日本
人對家政和主婦責任仍然重視。可以這樣說，日本女性服從、
甘願持家，是日本社會兩性高度分工的文化使然，對個人來說，
是一種不可抗力。

然而，社會要求日本女性留守家庭，當良妻賢母，對女孩
子來說，畢竟只是畢業後社會對自己的要求。在時限未到之前，
這表示甚麼事情都可以做，她們完全自由，而且她們積極地用
盡這個短暫的自由時光，不會浪費。自我約束？沒這回事。日
本文化屬羞恥文化，一切對個人的約束，都來自社會，個人不
會約束自己。日本女孩也如是，只要沒有說不准，她們甚麼都
會做。

延期償付

日本女孩在畢業以前獲得了「延期償付」的青春時光，得
以自由編織夢想，成為「少女」。然而，當時的教會學校生活，
其實也挺辛苦的。

明治年間，由西方傳教士開辦的基督教女子寄宿學校，校
規非常嚴格，一週七天的生活幾乎都有規定，週日須嚴守禮拜，
參加主日學，守靜肅時間，在校內不允許閱讀報章，只允許閱
讀限定的勵志偉人傳記，平日須要按更次打掃和協助做飯，説

1920 年代日本基督教女子學校，少女畫報，6 月號，1927 年（東京社），PUBLIC DOMAIN/ 菊陽町図書館

謊者罰以肥皂洗舌，盜竊者在全校學生面前接受鞭打的體罰。

　　然而，這些嚴格的校規，相對於未來嫁人之後的家規，都只是小兒科。對女孩子們來說，依然值得謳歌。校規雖然嚴格，但同學之間的友情，卻甜如甘蜜。

　　在一週七天之中，女學生最期待週五來臨，因為週五晚上，學校容許學生外出購買小食，也可以攜枕到朋友宿舍留宿，整晚談心。這就是我們現在所謂的睡衣派對吧？睡衣派對，是只屬於女生之間的美麗時光，是「家制度」的「家」以外的另一個平行世界。

　　對明治女孩來說，寄宿學校讓她們與世隔絕。於是，在學校裏面，「結婚」、「相親」和「良妻賢母」等話題，也許還有人提一下，卻不構成即時的壓迫。於是，就學的明治女孩們，成為了世界上第一代「少女」。

御目姊妹

在學校裏，少女無須把
自己青春交付給任何男生，
她們也不願意這樣做。男生
不在場，即使在場，將來
戀愛了，父母之命未必看
上他。再者，即使兩情相
悅，家制度也會把愛人變
成父權巨獸──整天坐在
客廳看報紙、不說話、經
常搞外遇、回家讓妻子服
侍。

這些結局，少女們
都心知肚明，在難得的
學校青春時光裏，她們
寧可把青春交付給另一

背景：姊妹愛・少女之友創刊一百週年紀念
號，2009（實業之日本社），作者藏品掠影，
Retouch & Setting 蝴蝶絲帶象徵。前方圓框：
五月姊妹・少女畫報，6 月號，1920 年（東
京社），PUBLIC DOMAIN/ 菊陽町図書館。

大正前後，少女雜誌製作人員擅長以攝影建立意
象，配上小說故事和詩篇，供少女讀者們享用。

個自己──自己的學妹、學姊或者女教師。在明治年間，這種
關係稱為御目，或者 S 關係，曾風行於當時的女學校。

御目，是明治女學生之間的一種獨特的交友關係。

所謂御目，是女學生之間對親密對象的稱呼。當時女學生
之間的御目關係，已發展出既定的儀式，儀式雖不像婚禮那般
繁瑣，卻相當羅曼蒂克。話說，御目關係一般由學姊提出，當

學姊看中新入學學妹，便請朋友代贈絲帶，如果學妹把絲帶繫在髮上，即代表接受，二人成為御目，日後以御目相稱。

1910 年，御目關係在日本各女校內廣泛流傳，形成風習，日本雜誌《紫》對此做了報道。據報，當時御目流行已有一年之久，開始於學習院女子部，後來傳播至東京女學館，再迅速擴散到其他女學校，包括東京第一高等女學校、三輪田女學校、成女學校與其他一些女子大學。

今野緒雪在 1998 年創作的經典百合故事《聖母在上》，即以御目關係為藍本，寫出了讓人感傷但又溫暖人心的少女愛故事。只是，在小說中，御目之稱轉為了 Sœur（姊妹），信物則由絲帶轉為了十架念珠而已。

赤枝香奈子指出，比起義務婚姻，御目關係更貼近西方羅曼蒂克的愛情觀念，如此的關係沒有強制性，能體現近代新女性的主體性，以及她們對永恆、自由和平等親密關係的追求。

御目是百合的前身。百合，是日本 ACG 文化對女同性愛或少女愛的美稱。然而，百合並不是西方那種硬核式的女同性戀。在日語中，女同性戀有另一個稱謂，叫作蕾絲（レズ），略帶貶義。至於百合，跟「萌」一樣，是一種脫離性衝動的愛，含有西方女同性戀所沒有的感傷審美品格。可以說，百合有點像柏拉圖式愛情，雖不排除肉體親密，但女孩子間精神上的契合更加重要。

少女文學

除了學妹學姊互相締結親密關係，女學生也積極以文字書寫心中的感傷，形成了一股少女文學大潮。

少女文學嶄露頭角，始於少女小說作家吉屋信子。

1896 年，吉屋信子出生於新潟縣。1916 年，她開始在婦運雜誌《青鞜》投稿。同年，她在《少女畫報》連載短篇少女小說《花物語》，大受歡迎。

原來，在明治年間，出版業發展蓬勃，在 1900 年代就有了專為女孩子而設的專有雜誌讀物。《少女畫報》就是其中一冊這樣的雜誌。雜誌提供了小說專欄，也提供了少女讀者自由投稿的欄目。於是，少女小說作者和讀者，就有了一個以文字互訴感傷的平台。

十分奇妙，在雜誌上形成的文字空間，少女填滿其中的，不是喜悅的青春，而是無窮的感傷，感傷得令編輯們苦惱非常。

如果，感傷的文字能夠像泥土一樣，在名為少女雜誌的花壇上堆積起來，在其中孕育出鮮花，那片泥土上最美麗的一朵花，一定就是吉屋信子所寫的《花物語》。

《花物語》是一部少女小說，由 54 篇短篇故事構成，其中《鬱金櫻》講述少女主角與學姊茜拉的故事。

在故事中，有這樣的一幕——茜拉滿眶眼淚，告誡學妹不要長大，然而學妹憧憬學姊，希望自己長大後，像學姊一樣，佩戴珠寶戒指、讀法國小說。學妹不明白，為甚麼學姊吩咐自

己不要長大。

　　不久之後，茜拉離開學校，回國結婚，成為人妻，從此過着父權社會限定的人生。茜拉失去了少女的身份，成為婦人。這就是茜拉吩咐學妹不要長大的原因。

　　以《花物語》為代表的小說，又稱 S 文學。「S」一字，兼有 Sister 姊妹（英語）、Shoujo 少女（日語）、Schon 美麗（德語）等義。S 文學講述的故事，總是以花樣的語言

針線活 / 版畫（伊東深水）· PUBLIC DOMAIN/LOC

和感傷的敍述，講述少女纖細的內心世界，故事多關於女孩子間的感情。

　　《鬱金櫻》的主題，是典型 S 文學的主題，反映了當時日本少女對現實處境的絕望和感傷。

　　吉屋信子自覺地知道，自己為何要寫這樣的故事。她曾如此剖白：「少女長大，進入青春期的沙漠。一個黑暗的大海，名為現實，在等待她們。女孩們，『作為日本的女兒』，被逼拿起銀色縫紉針。一艘稱為『因習』的老船帶着年輕處女的『命』，無目的地漂流。」。她筆下故事中滲透的感傷，來自

少女必須長大的事實。

　　有學者指出，吉屋信子的文字風格，與早期少女雜誌的少女投稿欄的文字風格吻合。從吉屋信子的年齡推算，當御目成風、早期少女雜誌火起來的時候，她剛好是一名女高中生。

　　川村邦光形容，這個年代的少女，形成了一個「少女共同體」。可以這樣說，吉屋信子既是這個共同體的一分子，也是這個共同體所孕育出來的一個傳奇。

吉屋信子《花物語》小說（河出文庫 2009），作者藏品掠影，Setting 故事的展開。

在大正年間，花物語故事讓當時少女讀者的感傷一次過釋放出來，至今每則花物語仍在日本文學史上閃閃發亮。

少女的作文，
少女的動畫

　　本來，文學不是學科，單純自由寫作，即是文學。20 世紀初，一群日本少女作文，形成了一種文學。這些女孩，不停地在少女雜誌投稿，寫啊寫，爭相仿效下，竟然寫出一種新文體，稱為美文。這種美文，又成為了吉屋信子後來寫作《花物語》的範本。少女通過作文，在文字裏灌注了自己的集體思念、一個集體的自我意識，學者川村邦光稱之為「少女共同體」。文學可以由學生的作文創造出來？這很匪夷所思，但卻是事實。

　　當時日本女學生的作文，水平如何？可以看看以下的例子。筆者先引日本語原文，閱讀其中的漢字，已可感受到文字中的意境。瞥過原文，再讀一讀筆者的譯文，就知其中奧妙。

13 歲女孩渡邊艷子的作文

　　「逝く年の儚さを思ひながら、やがて楽しい初春の喜びに美しう微笑む人を、ベツドの中より垣間見た時、孤独と云つたような侘しさを感じました。ホープに満つべき少女の心、悲哀に溺れたくは御座いませんけれど、恐ろしい病魔に捉は

れた身体、少女の夸も御座いませぬ。」

～渡边艷子

筆者翻譯:

　　思想逝年之短暫，不知不覺，床榻中窺見在快樂初春的喜悅裏，懷着美麗微笑之人，其時即感覺所謂孤獨之悲涼。少女的心裏當滿載希望，不宜沉溺悲哀之中，然則身體為可怕病魔所纏，少女之驕傲再也無法留住。

～渡邊艷子

　　渡邊艷子是誰呢？假如渡邊艷子今日仍然在生，她大約 115 歲。然而，回到她下筆之年，也就是 1913 前後，她大約 13 歲，仍是一名內心充滿感傷的日本少女。這段文字，節錄於日本 1913 年 1 月號《少女世界》雜誌裏名為《學藝室》的少女投稿欄。當年，渡邊的文章《逝年之夜》獲得乙賞，得到編輯嘉許。當時是日本大正二年，日本全面西化已逾四十年，出版業興旺，刊物大量印行，即使是未成年女孩，也能花上少少的零用錢，購得屬於自己的少女雜誌，然後寫信投稿，由小讀者變成小作者。渡邊艷子的投稿文體，在少女雜誌中廣為流傳，學者嵯峨景子稱之為「美文」，特色是充滿感傷性和敍情性。這種文體，成為當時少女的一種身份標記，構成了「少女共同體」，形成一種少女亞文化。

>100 年的少女共同體

　　2015 年，日本 TBS 電視台 1 月起播送動畫《幸腹塗鴉》，
在 1 月 9 日播出的第一集，故事描述兩名女孩的相識。涼是一
名住家女孩，父母到海外工作，相依為命的外婆過世後，一個
人在東京居住，在外婆指
導下，涼做得一手好菜，
但不知為何，她總覺得自
己做的菜欠了一點東西。
另一名女孩麒麟，老家
在近郊，她希望到東京
美術學校唸書，母親反
對，於是改為走讀，經
涼的叔母介紹，逢週六
在涼的家中寄住。一
天，麒麟病倒了，涼用
心照顧了麒麟。下頁
是兩人在床榻的對話：

百年來信，少女之友創刊一百週年紀念號，
2009（實業之日本社），作者藏品掠影，
Setting 以筆投書。

　　少女之友創刊一百週年，當年的讀者已經年邁，
今日仍然來信祝賀。一封又一封的來信，交疊在
一起，令我們彷彿看見了那個傳說中的少女共同
體。一名女性，不管現實生活多麼苛刻，只要一
日曾為少女，到老仍懷着少女之心。

麒麟：我如何呢？（拉了拉涼的睡衣）

涼：欸？

麒麟：因為一個人吃飯的話，一定會覺得不好吃…

涼：一個人……（一怔）

麒麟：晚飯是要和重要的人一起度過的重要時間啊！如果你沒有那樣的人，我由今天開始……，就成為涼小姐，不，成為涼的家人吧！

涼： 麒麟小姐……

麒麟：你可以直接叫我的名字啊！我可以成為涼需要的人……爸爸、媽媽、兄弟、姊妹，甚麼都可以…

涼：這樣説，當丈夫或者妻子都可以嗎？

麒麟：當然！

涼：那麼，當孩子也可以嗎？

麒麟：這個不行！（決絕地）

涼：看啊，麒麟，作業做好了沒有？説笑！（微笑着）

一個簡單的故事，一段親密自由的對話，只屬於兩個女孩子，中間沒有任何權力關係，也不是道德義務使然，在對話中建構了只屬於兩人的小天地。對她們而言，陪伴對方不是出於社會義務。她們在話中套關係，甚至裝夫妻，只是陪伴對方的借口。

這個動畫故事，改編自芳文社《漫畫時間閃亮亮奇蹟》（まんがタイムきららミラク）雜誌裏的同名作品，雜誌裏的漫畫故事，描述少女學生生活。這些生活故事，讓人感受到滿滿的

「少女」感觸。

　　大正年間的《少女世界》與 2015 年的《漫畫時間閃亮亮奇蹟》，雖然相隔一百年以上，但讀者對象沒有改變，同樣是在同一片土地上長大的日本女孩，兩者都在表現少女的密閉生活空間意象，表現出同一種少女集體意識——「少女共同體」。

　　所謂少女的密閉生活空間，是相對日本嚴苛的現實社會環境而言，是一個短暫而美麗的自由空間，如學校之於明治女學生，是一個暫時逃避婚姻責任的避難所，是一個可以暫時忘記一切、盡情謳歌青春、自由編織夢想的繭。

　　在渡邊的投稿中，少女的哀傷逸出了社會規範——當歡笑變成義務，她們就以悲傷置換歡笑。在涼和麒麟的故事中，兩名少女超越世俗的倫理角色，自己建立兩個人之間的關係。無論一百年前，還是一百年後的今日，少女仍然以高超的技術，帶着我們超速飆車，無視公路上名為道德的限速警告，巧妙地保持了平衡，直奔想像之外的自由空間。

麒麟與涼，作者藏品攝影，Retouch & Setting 晨光下的兒童書桌。

眼睛滿載星光
的少女

佩佩／手塚治虫展覽展品，作者攝於香港，
Retouch 逐級放大，強調眼睛光影層次。

星光眼睛，象徵少女的憧憬。

今時今日，少女已是日本 ACG 文化的核心。ACG 中的少女，視覺形象獨到，身體曲線優美，但令人留下深刻印象的，不只是體態上的性感，還有來自她們因生存處境而有的悲哀、天真、希望、單純和掙扎。這些是少女精神，是萌。

慣看日本動漫，很易誤把動漫中的少女形象慣性地視為理所當然——色彩豐富亮麗的柔軟髮型、層次豐富閃着星光的雙眼、瘦長而幼嫩的女子身軀、繫上蝴蝶結的水手制服。我們以為，這就是少女，少女都是這樣。可是，在半世紀以前，外國人不太認同這個形象。

藍寶石王子 / 手塚治虫展覽，作者攝於香港。

手塚治虫憶述:「我曾經帶着這部作品(藍寶石王子)的卡通版到國外去,外國人看了都嚇一跳。與其說嚇一跳,不如說無法理解。他們看了以後,問我這樣的問題:『這看起來根本不像日本人嘛!』而且還問為甚麼眼睛長那樣,大大的黑黑的,裏頭還有星星。他們認為日本的女孩子應該是細細的鳳眼,單眼皮,臉長長的,輪廓不明顯,髮型像日本娃娃。」

當時,手塚回答外國人,說那是「日本女孩的憧憬」。當然,為了使外國人容易接受,手塚也給出一些開脫的理由,例如日本女孩子流行化妝、體格愈來愈好云云。在手塚的說法中,「憧憬」二字才是重點。日本動漫中的少女形象,不是現實中的少女,而是一種審美理想。它創始於 1950 年代日本插畫師高橋真琴的少女畫,特點是富有裝飾性,少女眼中總是閃亮着星光。這種少女畫畫風廣受讀者歡迎,後來漫畫家將之發揚光大,成為了日本動漫文化獨有的藝術形象。

2014 年 7 月 12 日至 9 月 7 日,日本青森縣立美術館、靜岡縣立美術館及島根縣立石見美術館舉辦了稱為《美少女之美術史》的主題聯展。其中,在青森縣立美術館的宣傳單張上,對「美少女」做出如此的說明:

「美少女」,是世界注目的日本動漫中突出的形象。這不是現代固有的現象,所謂「少女」的存在,自古便在日本藝術中佔有重要的位置……今回,以「少女」為主題回顧過去至今的日本文化,不限於美術,也跨越文學、漫畫、動畫、塑像等各種各樣的領域,探索投射於稱為「少女」的這個概念上的現

代日本人意識。

　　三家日本美術館舉行聯展，確立了「少女」在日本動漫藝術史中無可替代的價值。

追逐少女
——走進歷史迷宮

愛麗絲夢遊仙境／模型，作者藏品攝影。

　　少女是暴走族，她們超速駕駛，在主流世界之外，形成了亞文化。也許，這個亞文化太過閃亮，竟然演變成為了主流世界以外的另一個主流世界，塑造出一個產值非常可觀的次文化產業——御宅產業或 ACG 文化產業，令素來不把動漫放在眼內的日本社會精英嚇一大跳。

　　2013 年，《魔法少女小圓》僅僅在推出兩年半之內，錄得 400 億日圓收益（約 3.5 億美元），預料影響力將繼續保持好長的一段時間。

　　《魔法少女小圓》是一齣典型的少女動畫，由新房昭之執導，SHAFT 社製作，被認為是少女動畫的巔峰作品。然而，任何巔峰作品，都建立在經典主題之上。如果荷里活《星球大戰》建立在武士傳統之上，那麼《魔法少女小圓》就是建立在

少女傳統之上。

ACG 文化非從天而降，有其複雜的歷史根源。它的根源是複合的，既得力於當代電玩文化，也繼承了起於 1980 年代的御宅文化，又植根於二戰後幾代日本動漫畫家的努力成果，其歷史源頭甚至可追溯至明治少女文學。

ACG 文化產業的本質不是創意產業，因為創意沒有根源，但 ACG 文化有深厚的歷史根源。以樹來打個比喻，經濟官僚看見動漫文化造就巨大經濟效益，以為只是技術成果，於是依樣畫葫蘆，學人種樹，隨便把樹苗插在淺層沙土，以為可以種出黃金。誰知，動漫文化是百年古樹的果實，古樹不由人所種，而是自己跨越歷史在泥土中成長，其根深及地層，盤根錯節，無人知道它伸延到幾里之外。

「ACG 文化」也不是百年古樹之真名。如果古樹有名，說不定是伊邪那美。伊邪那美是日本傳說中的母神，生前與丈夫相愛，死後遭丈夫拋棄而生怨，故事象徵日本人兩性的和好與決裂。在日本歷史中，少女既服從父權，又一直與父權戰鬥不屈。所謂少女，也許就是伊邪那美的轉生吧！

歷史巨樹盤根錯節，少女愛麗絲在森林追蹤兔子，掉進兔洞迷宮，失去蹤影。泥土就是歷史，巨樹就是文化，本書是其中一個兔洞，讀者翻閱此書，即是搭上時光列車，略略駛進迷宮，探索 ACG 文化的根，追逐少女們的足跡。

御宅族與少女

痛車 feat. 拉姆／黑岩射手，作者攝於香港。

由痛車說起……

　　城市街道上，車子有序往來，有時堵車，偶然有意外，更偶然的是——一輛貼上萌萌可愛少女或酷少女畫象的車子駛過，然後消失無蹤，在視線水平上把我們眼睛刺「痛」了那麼的一下。

　　那叫「痛車」！筆者也曾在自宅附近，遇見一輛痛車，後來追蹤它，發現它屬於一位送貨司機。這名司機，肯定是御宅。在「痛」文化背後存在着的，是當代 ACG 文化的骨幹分子——御宅族。

　　「痛」文化發源於日本，是當代 ACG 文化的一種表現。為了表示自己對動漫角色的愛，粉絲把對象角色的名字、圖畫噴貼在自己的車上，作為裝飾。這種行為，明明是愛，但又為何被稱為「痛」呢？

　　網絡上有以下幾種說法：

1. 視線痛——日語中有「視線痛」的說法，說白了就是礙眼的意思。痛車的圖畫過份萌和美麗，彩度過高，過度吸引眼球，往往讓旁人覺得尷尬或感到礙眼，因此很「痛」……

2. 紋身痛——為車子畫上動漫彩繪，有如紋身，紋身會

痛車，作者攝於東京。

作者按：第一次遇見痛車，心想：「好大膽！」然後又想：「能這樣裝飾車子，真好！」

痛，車主認為車子也「痛」……

3. PAIN（T）CAR——英語中 PAINT 和 PAIN 寫法相似，於是把 PAINT CAR 說成 PAIN CAR，也就是「痛車」；

4. 單身狗之痛——在 ACG 圈子中，一般認為現實戀愛與御宅愛好是對立的，前者被稱為「現充」（現實充實），後者自謔，自稱「死宅」或「單身狗」。御宅族心知肚明，當他們把喜歡的動漫少女角色畫上車子後，車子就不能載現實世界的女朋友，永為單身狗，因此很「痛」……

5. 破壞痛——車子畫上新圖案之後，或會破壞車子原本的造型設計，令人難於取捨，很頭「痛」……

6. 意大利之痛——日語「痛」字讀音近意大利，由於日本上世紀末經濟好景時，引進了不少意大利入口車。把車子稱為意大利車時，讀音近於「痛車」（Itassya）。

關於「痛車」，說法很多。到底「痛車」真正意思是甚麼？其實，在文學和藝術中，多義比單一定義可取。對你來說，哪個意思讓你共鳴，那個意思就是屬於你的真實。

然而，不論「痛車」的起源是甚麼，「痛車」的主題彩繪，總是「少女」。

為何是「少女」？筆者相

痛車 feat. 初音未來，作者攝於香港，Retouch 印象強化。

信，距今一百年前的日本少女文學，與當代日本 ACG 文化，它們所追尋的核心審美精神，全凝聚在「少女形象」之上。明治時代的文學「少女」與當代的動漫「少女」，兩者承載着相同的文化養份，後者繼承前者。一百年前，「少女」藉「少女文學」創造了自己，感召了自己。步入 21 世紀，「少女」感召了當代的少男少女。明治少女對父權壓迫的不屈和哀傷，展現了何謂自由。在 21 世紀，父權壓迫並無消失，只是轉換了形態。

當代青少年對社會政治感到躁動不安，父權戴上了看似更加「理性」的面具，以無孔不入的「理性」繼續束縛着人們。在香港，房價愈來愈貴，父權社會解釋，這是市場價格，這是一個十足理性的答案，但市民居住面積愈來愈小的痛苦，卻得不到舒解。在日本，青少年進入職場，仍舊被要求長時間勞動，

但在日本經濟泡沫爆破之後，他們都知道，自己的勞動已無法換來相應的經濟報酬。在日本，「過勞死」和「自殺」十分常見，男性比女性多，是父權壓迫無分男女的證明。這些都是當代父權對個人壓迫的新形式。

這一回，不只是少女，連少男也透不過氣來，渴求在「少女」的故事中尋求救贖。

事實上，所謂父權，壓迫對象從來不限性別，過去只有女性高揚反旗，從女權主義角度大力批評父權社會，讓大家有了錯覺，以為父權只壓迫女性。父權制度的壓迫，其實從來不分男女。

「痛車」以少女形象為圖騰，它所承載的，是當代 ACG 愛好者想要超越父權理性壓迫的一種精神追求。貼在「痛車」上的「少女」，並不是荷里活式的性感女郎。美式性感女郎，是父權社會為滿足男性凝視而有的圖騰，象徵父權的勝利，是世俗的象徵。貼在「痛車」上的「少女」，卻不是任何人的勝利象徵，而是逸脫於現實壓迫的天國。「勝負」是只存在於現實父權社會的價值觀。在少女的引領下，二次元世界超越了現實。在那兒，「勝負」不再是生存之目的，少男少女可以詩意地棲居於其中，獲得救贖。

「痛車」文化，讓我們知道，在社會裏仍有一個族群，他們在「少女」故事中找到了終極價值和生存的本真，獲得治癒。他們是 ACG 文化的讀者、支持者、消費者。

成宅之路

　　御宅文化誕生於 1980 年代，至今仍然繼續發展，沒有完結。在那個年代，日本泡沫經濟爆破。日本男兒素來以辛勞工作見稱，「過勞死」在日本十分普遍。本來，日本男兒工作雖然辛苦，但在經濟轉壞以前，他們的辛勞，可以換取不錯的前景和報酬。可是，泡沫經濟爆破之後，辛勞依舊，但報酬永無着落。於是，日本男兒集體轉向二次元世界，在那裏尋找精神上的救贖，成為御宅大軍。

御宅・尼特・啃老

　　也許讀者並不知道，在 1980 年代末，「御宅」並非光彩的稱謂，曾經是日本成年人用以苛責青少年的一個貶詞，意思與「廢青」相似。「御宅」的另一個説法，叫做「家裏蹲」。所謂「御宅」和「家裏蹲」，從成年人角度來看，就是整天躲在家中不肯上學和工作的孩子。另一個意思相近的詞語是「尼特族」，來自英語詞「NEET」的音譯。「NEET」是 Not in Employment, Education, or Training 的縮略，表示年輕人依賴家

日本宅邸，作者攝於東京邊陲二子玉川附近。

御宅又稱家裏蹲，即足不出戶的青少年。蹲在家裏，卻能知天下事，全靠網絡和郵購服務的普及。

中老人供養，主動放棄就業、升學和進修，整天賦閒在家，意譯則稱「啃老族」。

　　御宅和尼特，是 1990 年代起逐漸形成的一種日本年輕人生活取向。從社會、經濟、技術角度來看，它的出現並非無緣無故。自從日本泡沫經濟爆破，高強度勞動不再保證有回報，而且好些父母享受了日本經濟泡沫爆破前十多年的平成景氣，家境豐裕，即使孩子不工作，也無大礙。再者，網絡普及，孩子進入網絡，就能找到樂趣和玩伴。從宏觀角度看，御宅和尼特的出現，其實是歷史必然。

御宅 ——突破尊卑的興趣集團

　　御宅（おたく）一詞的確立，最早可追溯到 1983 年一個漫畫雜誌專欄。那時，「御宅」還不是貶詞。當時，專欄作家

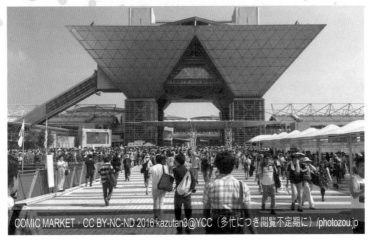

COMIC MARKET，CC BY-NC-ND 2016 kazutan3@YCC（多忙につき閱覽不定期に）/photozou.jp

COMIC MARKET，簡稱 COMIKET，是目前世界最大型的同人誌即賣會，每年冬夏各舉行一次，一般參加人數逾 50 萬。

中森明夫有一篇文章，名為《御宅之研究：街上都是御宅》，提起 1982 年大熱作品《超時空要塞》主角一條輝，把談話對手稱為御宅，令科幻動畫迷集體仿效。

　　本來，「御宅」一詞，在日語裏就包含了「對方」的意思，與敬稱的「你」意思接近。其他同類稱呼如「君」或「御前」，用法上都有年齡和親疏上的限制，不能隨便使用。日本男人與人交談，素來規則多多，要準確分清輩份，按輩份決定敬稱，一旦用錯敬稱，後果不堪設想。也許因為這種原因，日本男人較不容易跟陌生人說話，因為不知對方身份，說錯話風險大。然而，粉絲討論動漫，無關現實身份，無須知道對方來自何家公司、職位、年紀，只求投契。於是，「御宅」稱謂應運而生，稱呼對方為「御宅」，對動漫迷來說很方便，因為這個詞沒有

地位身份的預設，免除了確認輩份的麻煩。粉絲以「御宅」互稱，既迴避了身份尷尬，又能確認了大家對動漫的熱愛，一舉兩得。

　　「御宅」稱謂用多了，逐漸被人用來指稱對動漫畫、遊戲懷有強烈興趣、知識豐富、造詣深刻的人。由於御宅愛好廣泛，但凡模型、偶像、輕小說、同人誌、職業摔角、色情錄像、玩具槍械、鐵道模型、女僕、BL、Cosplay 等都可以有御宅。

涼宮春日/COMIC MARKET，CC BY-NC-ND 2014 masaya/photozou.jp

在涼宮春日 Coser 背後排隊進場的就是御宅。據說，COMIC MARKET 參加者入場前都有萬全準備，確保能在指定時間內完成全部排隊任務，買齊心頭好。

宮崎勤事件

　　御宅不計較尊卑，只講興趣，其實是對日本階級傳統的一個挑戰。當愈來愈多人成為御宅，主流社會精英難免覺得礙眼，伺機斥責。1988 至 1989 年間發生的一宗駭人聽聞的犯罪案件，正好成為日本主流媒體抹黑御宅族的上佳借口。

　　該宗案件，就是有名的「宮崎勤幼女連續殺人事件」。1988 年 8 月至 1989 年 7 月期間，年約 27 歲的青年男子宮崎勤

先後誘拐、猥褻並殺害了四名四至七歲女童，調查沒有發現死者遭受強姦，但宮崎勤供詞內容奇怪，難以理解，疑為人格分裂。2008 年，宮崎勤案件審結，法院判處絞刑。

案件對御宅最大的打擊，是宮崎勤被捕後，警方於其家中搜出近六千盒錄像帶，內容主要是棒球動畫，也有小量不雅錄像、幼女錄像、恐怖錄像。當時的媒體刻意在報道中強調，宮崎勤犯案動機，與御宅興趣有關。更糟糕的是，當時電視台在報道案件時，加插了一節御宅族參加 Comiket 同人誌展銷會的畫面（並不是宮崎勤參加 Comiket），令社會大眾誤認為御宅與犯罪有關。同期，大量媒體評論把「御宅族」描寫為家裏蹲，性格灰暗、不擅與人溝通，努力抹黑「御宅」，最終令「御宅」污名化，變成貶詞。

除了「御宅是家裏蹲，性格灰暗」的描述外，媒體又給「御宅」扣了兩頂帽子，拿御宅族的體型來開玩笑。一是「縱御宅」，就是身形高瘦、戴眼鏡、手中拿着動畫產品紙袋的青年。另一是「橫御宅」，就是穿動畫 T 恤、專吃高熱量薄餅的胖子。這無疑是典型的污名化處理。無論影響是好是壞，經過宮崎勤事件，「御宅」進入了主流社會人視

縱御宅與橫御宅，PUBLIC DOMAIN/パブリックドメイン Q

線之內，成為社會普及議題，開始
為更多人認識。

御宅的矜持

受到傳媒攻擊，御宅如何反
應？日本 NHK 節目《真劍 10 代
講場》曾邀請一名 18 歲御宅出
鏡，與御宅王岡田斗司夫對談。
少年表示，他不想被人知道自己
是御宅，岡田直斥這是妄想。岡

同人畫師作品，作者攝於九州小倉。

田認為，御宅受歧視是必然的，御宅不應期望獲得社會接納。

另外，日本國內曾有藝術家如村上隆，嘗試以藝術方式，
向海外人士推廣御宅文化，並取得了成功。可是，好些同人畫
師，繪畫技巧雖然高超，又有大量粉絲，但他們多拒絕主流藝
術界的好意和抬舉，反映御宅族內心有一條界線，拒絕融入主
流文化。

總體而言，在宮崎勤事件之後，御宅文化作為一種地下文
化繼續存在。主流社會對御宅族的批評，並沒有讓御宅族退卻，
離開自己的愛好，只能令他們自覺地疏遠主流社會。御宅文化
與主流社會之間，變得更加涇渭分明。再者，御宅文化發展至
今數十年，已經繁衍多個世代，在族群中有老有嫩，有中堅分
子，也有投入不深的成員，族群成員光譜變得相當寬闊。

重奪我名

　　儘管日本媒體多番抹黑，御宅族從來沒有萌生任何迎擊的意圖，就像明治—大正的少女，在主流社會的壓迫之下，她們選擇埋首於自己的興趣——閱讀、寫作，在文字中尋求救贖，除了少數婦運分子，她們迴避與主流社會發生衝突。

　　出乎意料，御宅文化的發展，並未因為眾多的負評而退潮。對於媒體的揶揄，御宅族欣然接受，例如乾脆承認自己體型，並以御宅體型為傲，以此作為自己的身份標記。

　　隨後，御宅文化帶動了日本經濟，社會開始對御宅族改觀。在道德層面上，日本主流社會仍然拒絕接受御宅，但在經濟和文化層面，主流社會無法繼續無視御宅文化為國家帶來的貢獻，換上全盤接受的態度。步入21世紀，日本政府全力宣揚發展「內容產業」和「媒體藝術」。其實，所謂「內容產業」，其內容就是「御宅文化」。所謂「媒體藝術」，所指即是「動漫藝術」。說到底，

動漫在日本，作者攝於東京。

一般人以為日本人全都是動漫迷，這是錯誤觀念。在日本，御宅文化只是一個有點龐大的亞文化。作者曾與一位日本人女講師閒談，攀談之下，赫然發現她對日本動漫的知識幾乎是零。

日本精英昔日曾經大肆貶抑「御宅文化」，如今又怎能正面地承認它呢？能換個說法去支持它，已是最好的表示。

在文化研究上，洗白一個被抹黑的污名，稱為「重奪」（Reclaim）。一般，一個名稱臭了，可以改名，尤其是在商界，公司名聲敗壞了，改名乃司空見慣。可是，也有人拒絕改名，堅持使用被抹黑了的稱謂，甚至把污名重新洗刷，變回美名，這就是「重奪」。「重奪」

COSPLAY/COMIC MARKET · CC BY-NC-ND 2015 masaya/photozou.jp

御宅族從不抗爭，卻把自己一度被抹得黑黑的名字重奪過來！如今，沒多少人仍以貶義來看待「御宅」這個名稱。其實，他們甚麼都沒做過，只是一直專心地做自己喜愛的事。

不是「平反」，也不是「洗脱污名」。「平反」的主導權在仲裁者手中，「污名」始終為人所記，但「重奪」不同，「重奪」是被抹黑者自己把名字奪回來，自己名字的意義，由自己親手再建立，是最光榮的勝利。從來，在歷史上，「重奪」不易成功，但御宅族做到了，他們在無意之間實現「重奪我名」的奇蹟。雖然日本政府仍然忌諱「御宅」，但「御宅」受到蔑視的情況已大為改善。

政府垂涎御宅產業

　　究竟，是甚麼逼令日本政府和日本主流社會對御宅族改觀呢？

　　首先，日本動漫及遊戲產品輸出歐美，在海外屢獲大賞殊榮，好評回流日本本土，令熱愛動漫遊戲的御宅族風評得到改善。森川嘉一郎回顧，日本動漫畫在海外好評傳回本國後，日本政府自經濟產業省起，以至其他省廳，即開始經常提及振興動漫遊戲產業，並矢志在各大學府設立動漫及遊戲專科，訓練人才，作為國策。

　　再者，御宅族是動漫及遊戲產業的最主要和最核心的消費層，商界早就直截了當，把有關產業一概稱為御宅產業，懶得隨日本政府稱之為「內容產業」。

日本政府，作者攝於東京。

御宅產業造成的經濟效益非常強勁。2014 年，矢野經濟研究所發表《御宅市場相關調查結果》簡報，資料顯示，御宅產業全部興趣類別加總起來，經濟規模達到 10,005 億日圓，最大份額是互聯網遊戲市場，規模 5,750 億日圓，藝能偶像市場 863 億，同人誌市場 732 億，Cosplay（動漫角色扮演）服裝市場 423 億，Boy's Love 市場 214 億。

同人誌，作者攝於九州小倉。

所謂同人誌，就是御宅自己製作、自己在 Comiket 等即賣會販賣的動漫畫和遊戲產品。現時，日本各大城市定期舉辦的大規模同人誌即賣會在二十個以上，以規模最大的 Comiket 為例，2012 年冬入場人數達 55 萬，發售作品的社團達 35,000 個。御宅文化產生如此龐大的經濟規模，對於經歷泡沫經濟爆破、持續不景氣的日本社會來說，有如救命稻草，不由得日本政府視若無睹，無論在法規、教育、經濟上，日本政府都出手大力扶持。

比方說，日本政府經濟產業省製造產業局曾於 2010 年 6 月設立「酷日本室」（Cool Japan 室），以期用文化產業軟實力來挽回日本經濟上的失落二十年。酷日本在成立之初，政府

《魔法少女小圓》商品，作者藏品攝影。

《魔法少女小圓》人物——美樹沙耶加＆巴麻美／COMIC MARKET．CC BY-NC-ND 2012 masaya/photozou.jp

明言，期望以日本的設計、動畫、時裝、電影等文化產業為日本國經濟成長之戰略支柱，統合於「酷日本」概念之下，通過官民合作達到進軍海外和人才培育等目的。可是，「酷日本」政策成效不彰，唯一例外是 2011 年《魔法少女小圓》動畫在全球創造出「小圓經濟圈」的奇蹟，作品推出 30 個月內，替日本產生了相當於 400 億日圓的經濟效益。日本總務省一份官方文件透露，2013 年度日本放送內容的海外輸出額約 138 億日圓，其中 62.2% 輸出額來自動畫。可見，動畫已經成為日本經濟的強大救命稻草。

不難看出，日本政府對動漫畫及遊戲軟體產業有很大期望，雖然御宅產業本是由國內「不健康隱蔽青年」所推動，但為了振興日本文化和經濟，只好排除道德芥蒂，承認它們，扶植它們。

就結果而言，日本御宅文化與主流文化一直維持微妙的共生關係，兩者保持一定距離，拒絕融合。御宅族滿足於自己的興趣空間，雖然受到風評壓力，他們仍採取低調迴避的態度，避免被外人知道自己的御宅興趣。政府和傳媒作為社會主流，無法忽視御宅文化所帶來的經濟文化效益，既低調迴避御宅，又積極地與動漫遊戲業界打交道，期望他們再為國家創造經濟文化奇蹟。

其實，沒有御宅族的忠誠消費，日本動漫遊戲業界就沒有今日的成就。這一點，日本官員熟讀統計資料，不可能不知。

借用萌力的條件

御宅族的興趣活動，產生了萌文化，萌文化形成了御宅產業。

不但日本政府垂涎「萌力」所產生的經濟效益，民間企業和經濟學者，也開始把萌文化當成振興日本地區經濟的一種手段，推出了所謂「萌えおこし」（萌來）的地區經濟振興方案。2009 年，井手口彰典以《萌える地域振兴の行方》（萌化地域振興的進路）一篇文章，討論了「萌來」的可行性。

他列舉了一個成功例子。2004 年美水鏡漫畫《幸運☆星》故事主角柊鏡和柊司是一對在神社長大的孿生姊妹。故事中的鷹宮神社，依據現實的鷲宮神社為藍本創作。結果，動畫放映之後，鷲宮神社訪客激增，原因是幸運星迷前來進行聖地巡禮。

日本旅遊宣傳，作者攝於香港會展。

《銀之匙》故事發生在北海道，講述一名就讀農業大學的青年，與他所飼養的小豬產生感情。官方期望《銀之匙》能把更多旅客帶往北海道，振興當地的事業。

當時，神社所屬地區的商工會把握良機，與角川書店合辦活動，出售限定動漫商品，獲得成功。

又有另一個例子，由地區主導。下妻市曾以市內特有的大紫蛺蝶為主題，創作了一位紫紋少女角色，做為該市之代表。

不過，井手口彰典警告，「萌來」往往帶來一個副作用，令人尷尬。御宅文化素來對二次創作和戲仿十分寬容。當新創角色受人喜愛，達至了充份的「萌」，同人圈子就開始二次創作，圍繞新角色做製作，而且往往含有色情意味。這產生兩個問題。第一，二次創作帶來著作權問題。第二，象徵自己地區的萌娘會被製成色情動漫。不熟悉御宅文化的人，未必能接受這些副作用，因而發生糾紛。

本來，御宅文化是御宅族聊以自娛的一種興趣。在道德高地上，主流社會將之視為邊緣文化，雖然默許它的存在，卻也抱持蔑視的態度。對於主流社會的藐視，御宅族普遍採取迴避的態度。可是，主流社會又垂涎著御宅文化所產生的經濟效益，令御宅文化和主流社會又有了交集和合作。筆者相信，維持好二次元與三次元世界之間的界線，為了雙方的持久共存，是御宅文化和主流社會雙方都必須思考的事情。

新媒體革命
催生御宅文化

御宅文化在日本形成，1990 年代日本泡沫經濟爆破，是催生因素，而更根本的原因，是臨近 20 世紀末，媒體技術再次革命，互聯網取代了電視和報章，改變了社會生態。

媒體學泰斗麥克盧漢曾經預測，電子時代將帶來內爆。所謂「內爆」，有以下幾個方面：

1. 信息爆炸——「電光印出的文字和電的速度，頃刻之間就將其他一切人關注的東西傾瀉在每個人的身上」；
2. 時空緊縮——由於電子媒體傳播極快，時間和空間差異不復存在，使人能擁抱全球；
3. 去中心化——電子媒體消解了中心與邊緣之區別，任何事物都可以成為中心；
4. 無限記憶——電子媒體容量巨大，可以儲存和轉換一切，延伸了人類的意識感覺。

New Type 新人類

麥克盧漢所說的「內爆」現象，已經全部降臨在當代人身

上。「內爆」決定了「御宅族」的生存方式，使他們成為當代的「新類型人」（New Type）：

動漫雜誌，作者攝於香港。

機動戰士高達，提出了「新類型人」的概念，表示人類在移居宇宙後，因應無重力狀態而進化成新類型人。當代社會生活網絡化，人與人高速相連，同樣催生出了新類型人──御宅族！

1. 御宅族對網絡十分倚賴，他們通過網絡與他人聯繫，大家關注的東西頃刻以電光速度傾瀉在他們身上，關注範圍變得十分廣闊，而且可以很深入，對事件的理解和討論，可以做到比專業更加專業；

2. 時空差距變得毫無意義，雖然身在一宅之內、一房之中、一機之前，但他們也同時置身在全世界；只有留在家中，在電腦熒幕或手機之前，他們才能與世界相連，所以他們給人「隱蔽在家」、「缺乏社交能力」、「低頭」的印象，事實上他們不是沒有社交活動，而是他們的社交已經從物理世界轉移到虛擬世界上去，他們所不擅長的，只是現實世界的社交禮節而已；

3. 過去，評論世界的話語權由主流社會名人所把握，但通過網絡，御宅族能夠形成屬於他們自己的發言平台，能夠以自己的方式評論世界，建構自己的話語，與主流社會平分秋色；從網絡論壇的熱絡情況來看，御宅族參與討論的活躍度十分之高；

4. 在電子媒體的無限記憶支援下，御宅族紛紛成為「考據專家」；他們建立各種共享資料庫，形成各種興趣族群。

新媒體普及，產生了虛擬空間（Cyberspace）。本來，擁有共同興趣的人，因居住地而分開，難以走在一起聊天，但虛擬空間打破了地域限制，把臭味相投的御宅同人連在一起，使他們更容易地自發組織起來，進行集體創作、分享、評論、消費、服裝扮演等活動。虛擬空間儼如一片新大陸，容許御宅族進駐、棲居其中，而且自由自主。由於興趣活動更多地在虛擬空間進行，宅民只要留在自己房中，打開電腦，即可接入自己所屬的世界，無須外出。與此同時，他們留在自宅上網時間多了，在外人眼中，他們的御宅形象就更加根深柢固了。

總括而言，御宅族的出現，其生活文化又由日本向世界各地傳開，並非偶然，而是歷史的必然。20 世紀末，網絡技術在全世界普及，人類整體開始對新媒體藝術有所追求。大家所等待的，只是一種能在嚴苛的理性世代，能讓大家的心靈獲得安慰的內容。剛好，日本人早就把大家所渴求的內容炮製得爐火純青。

日本成為御宅文化向全世界擴散的中心，僅僅因為御宅文化先於其他地區在日本出現，而且日本人素來把文化藝術與現實政治、倫理劃清界線，規範少，所以御宅文化和 ACG 文化一拍即合，二者迅即融為一體，在日本快速發展起來，甚至反向傳播至世界各地。

世界動漫宅文化

今日的御宅文化，已經不是單單屬於日本，成為了全世界宅民共享的特殊次文化。前文提及過的瘋狂瑞士御宅 Melon Pan，代表了歐洲人對日本御宅文化的吸收，是這一波御宅文化全球化浪潮的最佳代表人物。

從理論層面來看，御宅是因網絡而興起的族群，哪兒有網絡，哪兒就必然有御宅族。現時，除了日本本土有 Comiket 同人誌即賣會，中國兩岸三地、北美、歐洲、東南亞等多個地區，每年都定期舉行以日本動畫為主題的大型動漫節慶，例如杭州中國國際動漫節、成都 iComic 動漫遊戲同人展、香港 Rainbow Gala 同人誌即賣會、北美紐約動畫節、歐洲法國 Japan Expo、馬來西亞 Comic Fiesta 等等，主題離不開日本動漫元素。這些活動的參與者多有御宅族特徵，甚至自覺地以「御宅」、「宅宅」或「宅民」自居。

在世界各地的大型動漫節慶典，參加者都喜愛 Cosplay，即是把自己裝扮成自己所愛的動漫人物，在會場巡行、拍攝、擺攤。Cosplay 服裝設計和拍攝，甚至形成了御宅圈內一門專有的學問。

Foreign Cosplayers/COMIC MARKET, CC BY-NC-ND 2015 masaya/photozou.jp

99

　　本來，「動畫」所對應的英語詞為 Animation，但因為日本的動漫產業發達，日本風格的動畫製作，已取代美國動畫成為另一正宗，不叫 Animation，而是喚作 Japanimation，或以日語發音喚作 Anime，就如法式甜點泡芙，喚做 Cream Puff 不夠正宗，喚做 Choux à la crème 才算正宗一樣。這些情況，反映日本動漫文化已經往海外放射式的傳開，並與世界各地御宅文化結合，形成不同的海外日本動漫御宅文化社群。

動漫宅文化
在中國

動漫祭，作者攝於廈門。

在中國，近十年來，御宅文化的發展相當活潑，中國宅民快速成長，電商動漫產品消費、動漫彈幕視頻網站日益活躍。2009 年，有中國宅友出於興趣，自發創立了動漫彈幕視頻網台「嗶哩嗶哩（Bilibili）」。該站聲稱，他們的活躍用戶達 1.5 億人，每日視頻播放量超過 1 億。2018 年，中國雙 11 購物節當日，動漫產品購買比例達 20%，位列第五。

中國宅民的角色，在中國動漫產業的發展上舉足輕重。第一，他們是消費者，沒有消費，動漫產業就發展不了。第二，他們積極討論動漫話題，間接為動漫藝術建立了標準，使動漫產業得以成熟起來。宅民不會無條件接受劣質動漫作品，比如

一齣動畫因預算不足，畫面廉價炮製，造成人物走樣，眼利的宅民必議論紛紛，批評「作畫崩壞」。換言之，一個動畫行業的標準，即甚麼是好作品，甚麼是壞作品，是靠粉絲和消費者建立的。

中國御宅文化形成，受惠於國家政策支持。自 2000 年起，即有國家政策文件出台，明文支援動漫產業。雖然，官方審查和限禁播放之消息時有所聞，但這些例行動作只是調節，目的不是打擊動漫。實際上，中國各大城市舉辦的動漫活動，除了民間自發的，官方推動也有不少，例如由國家廣電總局及浙江省人民政府合辦、每年 4 至 5 月在杭州舉辦的中國國際動漫節。至於傳統的媒體內容審查，每個國家都在做，像暴力、血腥、色情等內容，沒有哪個國家／地區完全撒手不管。

少女在中國

前文提過，日本動漫文化的核心是少女，而少女的誕生與父權制度有關。那麼，中國宅民又是如何看待動漫少女呢？

中國沒有日式的父權制度。自然地，中國宅民對待日本動漫少女，與日本御宅族有所不同。筆者有以下一些觀察：

娘在中國

中國宅宅愛把日本動漫中的少女稱為娘或婆。所謂娘，即女孩，是中國人對女孩子的稱謂，帶有可愛的意思，跟日本少

UMP9 模型 / 少女前線，作者藏品攝影。

女一樣，同樣具有天真、可愛、自由、逸脫於凡瑣俗事的意味。在中國，娘即少女，少女即是娘。採用「娘」字指稱少女，是中國宅民從本族文化角度出發，來表達自己對動漫少女之喜愛。現

《少女前線》是一個由中國內地科技公司研發的電玩遊戲，故事由上百槍械化身的少女軍用人形構成。為了做好日式少女 ACG 風格，CV 全面委託日本女聲優擔當。《少女前線》發行遍佈世界大區，營收以億計算。

代中國女孩的婚嫁，自主性比傳統日本女性為高。日本少女那種悲傷，畢業即成為人妻，喪失少女身份的感傷審美，來到中國不免有所弱化和轉化。

婆在中國

當代中國青少年的婚配，因為各種現代的原因，在各大城市都普遍出現一偶難求的情況。消息稱，2018 年中國單身青年男女人口超過兩億。自 2013 年起，結婚率最大的年齡群組，由 20-24 歲變成 25-29 歲，晚婚趨勢持續。多數人表示，因為「沒有遇到合適的人」或「沒有能力承擔家庭責任」而晚婚，也有好些人為了「享受單身」或自認「生活不穩定」而晚婚。

由是，中國宅宅對於日本御宅文化中的腦內戀愛，甚是受落。很多宅民以單身狗自居，又把自己喜愛的動漫少女角色稱之為婆，亦即是老婆，聊以排解結婚前的單身之苦。

此外，中國宅宅又有 FFF 團、虐狗等說法，FFF 團是排斥

現充（即現實充實，指擁有女朋友或男朋友者）的用語，虐狗則是指動畫故事中愛侶角色太恩愛，令單身狗很難受的意思。這些説法，都是中國宅民借用動漫來排解單身之苦而產生的。

仙俠幻想

中國宅民普遍接受日本動漫各種主題，但國創動畫有以中國本土仙俠幻想取代日本鬼神傳説的傾向。仙俠

《仙劍奇俠傳》趙靈兒陳列手辦，作者攝於香港。

幻想作品，往往涉及青少年主角隨老人在某個仙道門派修煉，形成另一種形式的學園幻想故事。在學校內，學生暫時無須面對成年人世界和現實世界的麻煩。就這一層意義上，仙俠幻想故事基本上與日本少女學園故事結構相同，只是主題有所變奏。此外，中國宅民普遍尊重老人，在仙俠幻想作品中，老人角色可以有很精彩的故事，較易成為受歡迎角色。相反，在日本動漫中，老人通常站在少女和少年的對立面，即或不然，也是背鍋的角色，很少能發展出轟烈的故事。這也是中日兩地文化差異帶來的結果。

吐槽文化

中國素有文以載道之傳統，講説話不能太白，所以中國宅民的吐槽暗語文化發展得特別好。日本動漫來到中國，即被中國宅宅借用來做成各種吐槽表情包，其佼佼者就有出自日本艦娘作品的北方棲姬吐槽表情包。同理，中國最大的彈幕視頻嗶哩嗶哩，雖然是模仿日本彈幕視頻NICONICO而設立，但由於彈幕符合中國宅宅的吐槽趣味和需求，彈幕文化在中國被加倍的發揚光大。

日本動漫向中國西傳，然後發生本地化的情況，當然不只有這些。

北方醬的吐槽·作者攝於香港。

中文寫着「呢個世界居然有如此美麗的人」，羅馬字則是「I am so houyanwuchi in this world」。請以國語唸出 houyanwuchi！

無論如何，這已足夠説明，動漫作為一門新媒體藝術，具有豐富的文化承載力，它既能承載日本御宅族的審美，也能為中國宅民所用，承載中國宅民自身的苦與樂。

貳

少女文化

天照大御神‧岩戸神楽ノ起顕，1856（歌川国貞）‧PUBLIC DOMAIN。

天照大御神是日本上古傳說中的太陽女神，被奉為日本天皇之始祖。

女性是太陽

「起初，女性本是太陽。」一位日本婦運先鋒曾這樣説過。

在日本神話中，象徵太陽的天照大御神是一位女神；日本曾經是母系社會；日本第一位有史記載的領袖為卑彌呼女王；然後，日本少女把自由的精神注入了日本少女文學，又照亮了今時今日的 ACG 萌文化，有如太陽之光。

把「少女」比喻為「光」，並不是要把「少女」神化，而是在美學層面，「少女」已成為日本文學和 ACG 文化所共有的審美理想。

人為生活而辛勞，辛勞本是徒勞，但人可以因為生存中偶然的一絲感動，覺得辛勞有了意義，並感受到活下去的價值。那片刻的感動，就是美！在美的背後，總有一種審美理想。

手塚治虫筆下女扮男裝的藍寶石王子，眼睛大又黑，裏頭還有星星，手塚曾對外國人説，這是「日本女孩的憧憬」。那份憧憬，就是一種審美理想。

審美理想，大概就是我們現實中體驗不到，但卻是人們共同憧憬着的東西。雖然我們在現實裏得不到它，但卻可以在文藝和動漫裏編織它，塑造它。在日本，自一百年前起，由少女

所產生的少女文化，包括 ACG 文化在內，至少有七種，就像
太陽光通過折射幻化為七色彩虹一樣⋯⋯

明治—大正
少女文化

　　明治—大正，大概就是 20 世紀初的頭三十年—— 1900 至
1930 年。

　　那個年代，日本人尋求自強，社會處於劇烈的西化風潮之
中，時而大力推動西化，又時而全力抗拒西化，陷於極端的矛
盾之中。但無論社會走向西化，還是抗拒西化，日本女孩由始
至終生活在至高無上的父權陰影之下。不過，父權的陰影壓不
住她們的躁動。

　　按照父權傳統，明治—大正女孩的存在意義，就是為了至
高的家成為「良妻賢母」，一生服侍丈夫，養育兒女，專注家政。
為了這個目的，每一名日本女性都心知肚明，高中畢業那一天，
就是自由人生的盡頭。諷刺的是，那個年代的日本人，一度為
了自強而推動西化，自西方文化引入了女子教育、溫暖家庭和
自由戀愛的觀念。讓日本少女服從傳統家制度的，是日本的閣
下大人。讓日本少女嚮往西方自由文化的，也是日本的閣下大
人。在兩相矛盾的指導下，兩種互不相容的文化在日本女孩子
的心坎之中攪動，孵化出一種超越現實的少女文學。

　　少女文學出現於明治—大正年間，以吉屋信子的《花物語》

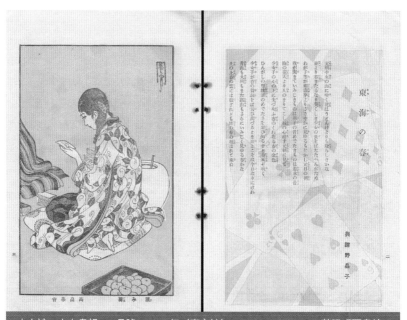

少女詩．少女畫報，1月號，1926年（東京社），PUBLIC DOMAIN/ 菊陽町図書館。

為代表作。文體上，少女文學充滿了敍情性，滿載悲傷感觸，文字上採用了大量西式詞語，用上許多西式的意象、事物，以花樣的語言和感傷的敍述，講述少女纖細的內心世界，又通過少女雜誌投稿和少女小說在女孩子間傳開，形成一股大潮。

S是少女文學的關鍵詞。少女文學，又稱S文學。S一字，兼有Sister姊妹（英語）、Shoujo少女（日語）、Schon美麗（德語）等義。父權世界為少女安排的未來，並不是未來，而是人生的終結。所以，少女們把握在學期間僅有的自由時光，以文學文字編織自己的美麗理想。很自然，在她們的審美理想裏，幾乎沒有位置留給任何雄性生物。少女在文字中所構築的，來來回回離不開學校和近親之間的日常生活，在這些日常生活中，

陪伴她們的人，都是學校中的學姊、學妹、女性老師、母親、妹妹、姊姊，而幾乎沒有任何男人，形成了一個只存在少女愛的純淨世界。

雖然，在小說故事中，有時女孩子間爭奪寵愛、互相欺瞞、彼此埋怨，但這都是在沒有男性存在的特殊世界裏發生的，因此是自由的。這個時代的少女理想，正是一個可以暫時忘記父權束縛的避難所，在其中自由馳騁於世界，無論是姊妹間相互愛慕，又或者互相傷害、互舔傷口、傷春悲秋、眼淚沾濕無數枕頭也好，在這樣的世界中，少女們都是自由自主的，比起讓父權世界決定自己的命運要好。當少女擁有自由的時候，少女們才有充足的自主空間，探索如何與人（其他少女）建立屬於彼此的主體間性自由關係。

明治—大正少女文學之風潮，一度吹得一發不可收拾。至1933 年，三原山發生了少女跳火山殉死事件。日本政府認為事件與少女文學有關，對少女文學傳播實施了若干限制。從此，少女文學發展一度停頓，直至二次大戰之後，才以另一種形式再度萌芽。直至今日，即使有少女火山自殺事件，明治大正年間的日本少女文學，仍是今日的日本文學瑰寶之一。說實在，日本文學以死亡和「心中」（殉死）為主題的，數之不盡。平心而論，少女文學觸及殉死主題其實不多，與日本大文豪太宰治比較，更是小巫見大巫。

花之二十四年組

少女漫畫文化

西方漫畫評論，FRIEDMAN, ERICA. "Guest review: A Drunken Dream and Other Stories", The Manga Curmudgeon, 2010 [retrieved 2020-01-09], https://precur.wordpress.com/2010/12/02/。Setting 背光。

評論家 ERICA，高度評價荻尾望都為女孩讀者創作的《蜥蜴女孩》。她指出，日本人把年輕女孩當作色情對象看待，是十分平常的事，但沒有多少人認真對待她們，重視她們自己的需要和興趣。荻尾望都例外，她認真看待日本女孩。

自從日本戰敗之後，1950-60年代期間，社會要求國民為國家復蘇而努力，傳統思想再度與新思想發生激烈碰撞，國民渴望擺脫家制度，卻又受傳統勢力阻撓。戰後的日本婦女陷入了另一種絕境，她們辛勞工作，同時又受盡社會矛盾的煎熬。這個時代的日本女性，變得無法喜歡自己，普遍厭惡自己生而成為女性。

就在這個艱難的時期，生於昭和二十四年前後的女性少女漫畫家——花之二十四年組，以特殊的新風格為當時的女性讀者畫出了許多直撼心門的少女漫畫作品。

學者日下翠指出，花之二十四年組漫畫有一個常見主題，

就是描寫少女與母親之間的感情瓜葛。萩尾望都所繪畫的《蜥蜴女孩》和三原順的《我們這群流浪兒》都是這類作品。少女與母親的衝突，成為了當時的時代烙印。

描述母女扭曲關係的代表作
——《蜥蜴少女》

《蜥蜴女孩》是萩尾望都於 1992 年刊出的短篇漫畫，1996 年改編電視劇放映，由菅野美穗主演，放映期為一季共 11 集，第一集收視只有 7.9%，放映至最後一集時錄得 19.4% 收視，留下了首尾兩集之間收視升逾兩倍的驚人記錄。下表收錄了當時《蜥蜴女孩》電視版的每集故事內容。

《蜥蜴女孩》電視版故事發展

話數	主題	故事內容
1	詛咒的誕生	麗佳出生，母親百合子把女兒看成蜥蜴，無法正視和親近女兒，漸漸厭惡她。妹妹麻美誕生之後，母親把全部的愛澆灌在小女兒身上，麗佳受冷落。
2	我想死	麗佳委屈投河自盡，卻被同級男生岡崎升所救。麗佳決定不再輕生、嫉妒妹妹和怨恨母親。女同學橋本香暗戀升，視麗佳為情敵，把她自殺的事情公開。母親百合子告訴麗佳，蜥蜴不可以談戀愛，令麗佳再次封閉自己。
3	高原之夜，第一次……	三上伸子與麗佳交朋友，兩人相約遊玩，這是麗佳第一次與朋友約會。

4	母親的秘密	生物課上，麗佳看見蜥蜴投映片而受驚，岡崎擔心，並探望麗佳，卻遭百合子驅趕。母親用盡各種辦法分開麗佳和岡崎。
5	生日……被母親丟棄的禮物	九歲那年，麗佳用全部零用錢買了一條紅絲巾送給母親，卻被母親怒斥。麗佳告訴伸子，她的生日願望是與喜歡的人一起去遊樂場。為感謝麗佳協助自己應付考試，岡崎邀麗佳去遊樂場，但麗佳想起母親的話而拒絕。
6	波紋，母親僱家庭教師	母親為麻美僱了一名家庭教師，麗佳代麻美打工，得悉家庭教師欲侵犯麻美，前去拯救。麻美與姊姊關係好轉，麻美給姊姊送上遊樂場入場券。
7	母親的告白……想殺死你！	在遊樂場，岡崎對麗佳說，希望她回復八歲時的快樂，麗佳決心改變自己。同時，麻美質問母親為何惡待姊姊……
8	永遠的友情，死，然後另一人的母親	母親告訴麗佳，自己曾想要殺死她，然後自殺。在伸子的家，伸子告訴麗佳，她童年時曾像麗佳一樣受過傷害。麗佳對伸子坦白：「我是蜥蜴。你不相信吧？」伸子回答：「我相信，你說的每一句話我都相信，因為你從來沒對我說過謊話。」麗佳哭了。
9	獲得幸福的權利……	麗佳與伸子相約到海邊玩，伸子遇上車禍喪生，麗佳自責。這時，伸子的男朋友給麗佳一封信，是伸子寫的，信中寫道：「我想治好麗佳的心，她有權得到幸福。」
10	悲哀的家族旅行……	麗佳流淚對母親說：「即使是蜥蜴，也有權獲得幸福吧。」麗佳決定追隨岡崎到美國求學。百合子提議在這以前全家一起旅行。可是，在旅行途中，百合子在河邊再次對麗佳說：「我們一起死吧。」
11	母親！母親！……母親！	母親建議二人一起殉死，麗佳流着淚回答：「好高興，這是媽媽第一次說讓我們一起做點甚麼……」麗佳請母親在死前抱自己，百合子痛哭逃走。百合子憶起自己為了報恩由蜥蜴變成人嫁給丈夫的事。公路上，百合子把一名快遭車禍的女孩當成麗佳，衝上去迎救而送命。母親將死，鏡中麗佳回復人的形象。末後，麗佳嫁給岡崎，誕下一名女兒，這一次，女兒並沒有變成蜥蜴的樣子。

《蜥蜴女孩》故事講述母親青島百合子與女兒麗佳的母女關係。不知何故，在母親百合子眼中，麗佳的樣子就像蜥蜴一樣，她無法愛麗佳，只愛麗佳的妹妹麻美。但在現實中，無論麗佳還是麻美，樣子都跟普通少女一樣。因為母親厭惡自己，麗佳每次照鏡，同樣把自己看成蜥蜴的樣子。她相信自己醜陋，所以母親不愛她，並認為自己無法戀愛和得到幸福。

身為女性，既可怕又不幸……

麗佳的遭遇，跟明治—大正年代的少女不盡相同。明治—大正少女在嫁人之前，在學校能享受一段完全自由的延期償付學生時光。麗佳的遭遇卻是即時而貼身的難受。來自社會的壓力，先鑄刻在母親的內心，然後母親把痛苦轉加在女兒身上。正如日下翠所言，戰後日本女性厭惡自己，厭惡身為女性，所謂蜥蜴的臉孔，實則是女性對自己性別身份的恐懼。時代把過多的重壓加在當時的日本女性身上。「身為女性，既可怕又不幸。」這是戰後日本女性的普遍體驗，作者在故事中把這種體驗形象化，畫成蜥蜴的恐怖形象。也就是說，蜥蜴象徵女性的痛苦現實。社會對女性過多的要求，使女性變得命苦，無法喜歡自己身為女性的命運，並把自己看成像蜥蜴般醜陋。

然而，女性仍然美麗——作者、觀眾和劇中人如是相信。雖然母親和自己把自己看成蜥蜴，但麗佳的朋友、妹妹和戀人看得見真實的麗佳，真實的麗佳美麗又可愛，值得擁有幸福。

麗佳的朋友、妹妹和戀人眼中的她，構成了劇中的審美理

昭和時代，作者攝於東京台場。

二戰後的昭和時代，日本社會分崩離析，重建家園工作繁重。當時，無論男女都必須勤奮勞動工作，生活艱辛。

想——幸福少女。正如麗佳朋友伸子所說，少女「有權得到幸福」。母親、妹妹、朋友和戀人的愛，尤其是母親的愛和肯定，麗佳都有權獲得。

　　少女優美，蜥蜴醜陋，現實與理想的距離，在蜥蜴和少女兩個形象之間，產生了強烈的衝擊。「蜥蜴女孩」寫實地反映出那個時代日本女性所面對的兩難。其實，在母親百合子眼中，不但麗佳被看成蜥蜴，她自己也是蜥蜴，只是她無法接受自己的蜥蜴形象，才把自己的悲憤都投射在女兒身上。在社會中，「她們」努力成為美麗的少女，想受人喜愛，但「她們」無法肯定自己，只能互相否定。這種否定，是時代的詛咒，一代一代的傳下去。

追求幸福就是出路

《蜥蜴女孩》偏近悲劇，但比起眼淚，它更強調美、醜、痛苦和幸福，所以又不純是悲劇。

少女被看成蜥蜴，寓意女性命苦，令人悲痛，在觀眾心中誘發出這樣的渴望——少女不該如此悲痛，她有權獲得幸福。可惜，故事發展事與願違，母親找不到化解這個矛盾的出路，只想到死和逃避，令故事往更壞的方向發展下去。

隨着故事發展，麗佳接受了自己是蜥蜴，但她卻不肯放棄追求幸福。接受了自己是蜥蜴，其實就是承認了社會的現實，表示明白在這時代，女性只能背負不幸。不過，對於自己的不幸，麗佳表示了不屈，她認為自己雖然不幸，但她仍然有權追求幸福。這樣的故事結局，為悲苦女性指出了一條從來無人想過的出路，充分表現出少女的主體性。少女不是木頭，木頭不會痛苦，也不會想要超越自己的命運。少女追求幸福，表明了少女擁有生命。很奇妙，接受社會現實，不但沒有終結少女的人生，反而成為了超越命定人生的起點。

作者的心跡

萩尾望都曾經在訪問中指出，故事中扭曲的母女關係來自她童年的親身經歷。她生於 1949 年（昭和二十四年），兩歲起開始愛上繪畫，四歲閱讀漫畫，然而母親總是責備她說：「漫畫是腦袋不好的孩子才讀的東西」。於是，小萩尾躲起來讀漫

畫，畫漫畫。母親經常讓她「學習」，不許她與成績差的孩子為伍，不許閱讀教科書以外的書本，一天到晚拿她與姊妹比較。對成績不好、不愛競爭的小萩尾來說，母親的教育使她感到十分辛苦。對於這段童年往事，萩尾望都的妹妹坦言，《蜥蜴女孩》中的麗佳一定就是姐姐，而被母親溺愛的麻美應該就是她自己，故事中姊妹穿黃色與粉紅衣服時，麗佳被指她不適合粉紅色的事，確實是她們姊妹現實中的往事。

萩尾望都創作《蜥蜴女孩》時，雖然是 1990 年代，但故事中所描述的女性處境，卻屬於 1950 年代。作品改編電視劇上映，平均收視只有 11.5%，可以想見故事已經開始與 1990 年代一般日本觀眾的處境脫節，但觀乎當時劇集結局對比第一集收視上升超過兩倍，可見故事的劇力在觀眾之間產生了異常巨大的共鳴。可以說，《蜥蜴女孩》的價值，在於少女最終所作出、令人出乎意料的人生選擇。

寶塚歌劇團
之少女文化

奧斯卡的喪禮

花之二十四年組的池田理代子筆下的《凡爾賽玫瑰》，塑造了另一個獨特而影響力深遠的少女意象——男裝麗人。

《凡爾賽玫瑰》於 1972 年開始連載，講述 18 世紀一名法國貴族少女奧斯卡，自小被當成男孩養育，長大後成為皇后瑪莉安東妮的近衛隊隊長，深受皇后寵愛，後來她看到民間疾苦，毅然捨棄爵位，參加革命，在巴士的監獄一役中戰死。

奧斯卡／《凡爾賽玫瑰》紀念郵票（已蓋章），作者藏品攝影。

120

在故事中，奧斯卡作為「男性」，受到很多皇室貴族女性的傾慕。一方面，她的劍術比男性優秀，能保護好皇后，又能為民眾戰鬥。另一方面，她是真實的女性，愛慕過兩位男性，最後在革命前與安德烈結為夫婦。

當奧斯卡戰死的那一篇故事刊出之後，據說有讀者為奧斯卡舉行了喪禮，成為《明日之丈》力石徹之後，第二位死去後受人吊唁的虛構動漫人物。

1974 年，《凡爾賽玫瑰》被改編為寶塚歌劇團舞台劇，此後受歡迎度一直上升。

寶塚歌劇團的創立

寶塚歌劇團，是近當代日本文化藝術界的瑰寶，忠實粉絲非常多，跟日本少女文學一樣，歷史超過了一百年，1913 年由日本政治家、阪急電鐵前會長小林一三於寶塚市創立。最初，它只是一隊唱歌隊而已，讓少女為溫泉客人唱歌助興。同年 12 月，唱歌隊改名寶塚少女歌劇養成會，

《寶塚歌劇公演一百週年》紀念郵票（已蓋章），作者藏品攝影。

讓少女涉足歌劇表演。1919 年，寶塚音樂歌劇學校成立，養成會再易名為寶塚少女歌劇團。此後，劇團漸次發展，1934 年在東京設立劇場，1940 年更名為寶塚歌劇團。直到今日，它仍是日本人氣甚高的大型表演團體。由於寶塚歌劇團只收女性團員，所有男角皆由女性團員反串飾演，演出上按角色分為男役和娘役。

寶塚歌劇團的發展，並不是一帆風順。1970 年代，日本步入消費年代，電視普及，娛樂多樣化，寶塚歌劇團面對競爭，經營困難，被社會輿論揶揄為阪急兩大包袱之一。讓寶塚歌劇團起死回生的，正是《凡爾賽玫瑰》。寶塚歌劇團 1974 年上演《凡爾賽玫瑰》，即時引起了熱潮，劇團內月、花、雪、星四組的演出，在三年間合共吸引了 140 萬觀眾入場，劇迷多為女性。除了賣座之外，熱潮又帶動了寶塚音樂學校的報讀率，以至於在日本社會中產生了「東有東大，西有寶塚」的講法。意思是，入讀寶塚劇團學校，難度不下於入讀東京大學。及後，《凡爾賽玫瑰》多次再度上演，在 1974 年至 2014 年之間，入場觀眾總人次逾 500 萬。

說到這兒，不得不提日籍華裔女演員鳳蘭。鳳蘭原名莊芝蘭，1964 年加入寶塚歌劇團，成為星組星級演員，在《凡爾賽玫瑰》劇中反串飾演男主角菲爾遜大受歡迎，被譽為「凡爾賽玫瑰四強」之一。

一旦結婚，必須退團

　　加入寶塚歌劇團，有這樣的規例——成員必須為未婚女性，一旦結婚，就必須退團。鳳蘭 1980 年結婚，1979 年作告別演出，相信與此例有關。這一規例，使少女團員在限期內盡情迸發光輝，因為結婚嫁人，就是夢想舞台的終結。少女團員的人生，恍如普遍日本女性人生的縮影，她們的自由光輝時光，都設有限期。寶塚歌劇團的創辦人小林一三，是日本明治年代的政治家。據説，他創立劇團之目的，正是訓練女性成為日本的良妻賢母。他希望通過歌劇訓練，讓少女反串飾演男角，能夠更深入理解和欣賞男性，使她們出嫁後，能夠更加明白丈夫的期望，把良妻賢母的角色做好。不過，事與願違，寶塚歌劇團的演出，並沒有成功彌合日本人夫妻之間的鴻溝，因為真實世界的日本男人，普遍不如劇中男主角那麼溫柔。寶塚女孩演出的男角，迷倒了大量日本女性劇迷。她們演出的「男役」，已然成為一種超越了真實男人的理想男性。換言之，由「男役女優」飾演的「女優男役」，成為了寶塚歌劇女性演員和觀眾共同追求的審美理想。觀眾把異性戀文化中的愛慕對象轉向了「女優男役」。有個別劇迷，愛慕之情甚深，甚至宣言「為了奧斯卡大人」，捨棄現實生活中的戀人和未婚夫。因為愛慕劇中人物而拋棄丈夫，放棄良妻賢母的責任，這不但沒有實現劇團創立的原意，更是對劇團創立原意的否定。

男裝麗人的魅力

有論者認為，男裝麗人吸引女性劇迷的，不是男性氣質，而是女優男役所象徵的女性情色（feminine eroticism）。寶塚劇迷喜歡男裝麗人，純粹因為她們厭惡男性展示的權力。在女劇迷眼中，舞台上的男役並非典型的男性，而是模糊了傳統男女兩性氣質界線的身體。據知，日本曾有一所名為 Miss Dandy 的俱樂部，該俱樂部讓女服務生打扮成男裝麗人，為女顧客提供服務。被問

櫻大戰戲服，作者攝於東京池袋。

櫻大戰，是 1990 年代的電玩作品，曾改篇動畫，遊戲故事講述多名女主角以帝國歌劇團演員為幌子，參與對抗威脅帝都安全的魔物。故事中的帝國歌劇團，宛如現實中的寶塚歌劇團一樣，是全女班，男役由女團員反串，女主角們也總是忙着為公演而排練。圖中的兩套戲服，左方是女役，右方是男役。

及為何惠顧 Miss Dandy 時，一位女性客人解釋說：「我可以跟她們講任何話題，因為她們骨子裏是女生，但我又可以跟她們打情罵俏，因為她們是男生。」

追尋婚姻中所欠缺的戀愛關係

婦女無法在傳統婚姻中與丈夫自由交流和戀愛，卻可以在「男役女優」和「女優男役」身上找到那種無法獲得的戀愛想像。無論是故事中女扮男裝的奧斯卡，還是現實中的「男役女優」，對女性觀眾而言，都擁有現實男性所沒有的溫柔，是現實日本男性所無法比擬的理想存在，因為在角色和觀眾之間，不存在傳統婚姻所規定的權力關係，所以她們能夠在審美想像中自由地構築比現實更加理想的兩性關係。

女扮男裝的人物，在日本動漫中一直佔有無法被取代的地位。由《藍寶石王子》開始，日本動漫作品曾有過很多男裝麗人，包括了《少女革命歐蒂娜》的天上歐蒂娜和有栖川樹璃、《美少女戰士》的天王遙、《櫻大戰》的立花瑪莉亞、《收穫星的小子們》的藤波龍之介、《Final Fantasy 5》法莉絲、《拳王》King、《蠟筆小新》吹雪丸等等。

男裝麗人是日本女性觀眾所追求的審美理想，在這個理想背後，潛台詞是「丈夫不應該如此對待妻子」，也表示了女性仍然對男性有所期望。男裝麗人為日本男人展現了日本女性所認可的男性氣質。這種男性氣質，不是傳統日本老頭的男性氣質，而是一種兼備勇敢、力量、承擔、溫柔、理解等素質的男性氣質。

除了男裝麗人，日本動漫也盛產其他各種跨性別角色形象，例如偽娘（女裝男子）、人妖（放棄男性身份的男性）、性別轉換等等。基本上，這些角色形象都與男裝麗人有異曲同工之妙。

百合少女文化

少女文學的歷史任務

日本少女文學，以吉屋信子《花物語》為代表，以悲傷的敍情性美文描寫少女間的同性愛故事，借少女愛的審美理想，超越父權制度下的良妻賢母女性角色。

少女文學發展至 1930 年代，自三原山女學生殉情事件起，逐漸受到當時日本政府的干涉和管制。戰後，軍國主義政權倒台，管制不再存在，少女文學理應復活，但戰後的社會畢竟與戰前有所不同，男女校和自由戀愛普及，戰爭後尋親故事流行，少女文學並沒有立即恢復戰前的熱度。畢竟，戰後的日本政

少女凝視．少女之友創刊一百週年紀念號，2009（實業之日本社），作者藏品掠影。

特別的書頁設計，營造出少女互相凝望的親密氣氛。

府在盟軍控制下，無法明正言順
地恢復家制度和良妻賢母教育，
意味着少女文學所針對的傳統父
權制度不復存在。歷史任務結
束，熱潮隨之降溫。

百合

不過，少女文學雖然一度
中斷，但日本社會經過 1960
年代的反文化時期，卻再度
流行一個與少女文學相仿的
故事類型，通稱「百合」。
所謂「百合」，本是日本人
為女同性愛者所取的別稱。
1970 年代，男同性戀雜誌

搖曳百合，MEGAMI MAGAZINE，NOV
2012（学研），作者藏品掠影，Setting
合適題字。

女孩子與女孩子之間的卿卿我我，要説有
甚麼特別和吸引，就是這種情趣沒有定義、
無所謂、脱規範，但又互相在意着對方。

《薔薇族》創刊，以薔薇比喻男同性
戀，後來增設女同性愛專欄，命名為《百合族部屋》，以百合
比喻女同性愛。自那時開始，但凡文學或動漫作品涉及女性同
性愛，都被稱為「百合」。

根據《同人用語》，「所謂百合（Yuri），即女性同士的
同性愛，也就是莉絲（Lesbian / Girl's Love）。但是，在同人
世界裏，説到『百合』，基本指女性作家為女性而寫作的作品，
是如此用的（本來）。除此以外，一般稱為『莉絲』、『GL』。」

　　「百合」一詞的起源，雖然是女同性愛，但在 ACG 文化中詞義已有所轉化，與「莉絲」（女同性戀）的詞義有所區別。《同人用語》續指，「『百合』的直接意思，作為定義，雖然代表思春期女性同士之間不同於友情的強烈愛情，但是與『莉絲』相比，某程度上更重視精神的聯繫，更直接地說，可理解為不一定把肉體性行為視為必要的柏拉圖式戀愛感情。」在此定義下，《花物語》是百合，《凡爾賽玫瑰》有愛慕男裝女性的情節，算是具有百合元素。不過，以上《同人用語》的說明寫於 2000 年，目前「百合」已不限於女性為女性寫的作品，尤其是大量百合作品拍成動畫，動畫是團隊製作，製作人有男有女，百合只限女性創作的說法已不合時宜。比如《百合熊風暴》，就出於男性監督幾原邦彥之手。無論如何，「百合」依然有別於「莉絲」，「百合」偏向指少女之間精神上的愛，「莉絲」偏向指硬

《聖母在上》Special CD，作者藏品攝影。

128

核式的女同性戀性愛。

踏入 1970 年代，第一個經典百合漫畫出於花之二十四年組山岸涼子之手，名為《白色部屋之兩人》，故事講述兩名女孩在女校寄宿所發生的愛情，是後來 1970 至 80 年代許多百合漫畫的原型。至 1990 年代，《美少女戰士 Sailor Moon》首次把女同性愛帶進電視動畫，劇中的天王遙以男裝麗人姿態示人，與海王美智留表現了明確的百合關係。1997 年《少女革命歐蒂娜》面世，被譽為百合傑作。

1998 年，輕小說作家今野緒雪創作了《聖母在上》，被奉為另一百合經典，自 2003 年起該作陸續被改編成為動漫畫作品，講述莉莉安女子學園的女學生故事。在故事中，該校有一個傳統，稱為「sœur」，「sœur」即法語中的「姊妹」。按照這個傳統，身為學生會職員的學姊，必須在畢業前把自己的聖母念珠交給一位學妹，把她認作自己唯一的 sœur，然後該名學妹將在學姊畢業後繼承她在學生會的位置。在 sœur 關係之中，學姊承諾照顧學妹，學妹追隨學姊。女學生很珍惜 sœur 的關係，特別是來自名門家族的小笠原祥子，畢業之後等待她的是複雜的家族關係，像婚姻等很多事都身不由己，為此她特別珍惜自己的學妹祐巳。她和祐巳的關係，只有她仍留在學校的兩年。畢業之日，她將與祐巳分開。故事中的「sœur」，簡直就是明治年間日本女子學校流行的御目關係。

《聖母在上》直接而明確地，把戰前 S 文學的故事傳統繼承過來，為後來的同類百合作品如《瑪莉亞狂熱》、《百合熊

風暴》、《Citrus》、《終將成為妳》等豎立了模範，像女子學校、學生會、姊妹、聖母瑪莉亞像、聖母念珠等意象，把一百年前的日本少女文學與當代百合動漫聯繫了起來。

一百年前，少女文學靠少女雜誌讀者的作文而建立。當代百合作品，讀者參與創作也很積極。在日本，有專為百合而設的同人誌即賣會。Girls Love Festival 專門展出百合和 Girl's Love 作品，規模雖然沒有 Comic Market 那麼大，但 Girls Love Festival（第 9 屆）參展同人社團也多達 263 家，參展企業 3 家。自 1990 年代起，更不斷有男性讀者加入百合行列。

踏入 21 世紀，日本人家意識已淡薄，但日式傳統家族主義並沒有完全消失，政商界豪族的女性，為了保持企業和政界關係，她們仍然活在傳統家制度的陰影之下。豪族「大小姐」，是動漫作品常有的角色，也是一種萌屬性。「大小姐」總是飽受家族掣肘，缺乏自由，無法像尋常女生那樣生活，與日常的快樂無緣。

現在，百合作品已發展出多種類型，例如魔法少女百合、日常百合、女子學園百合等等。2011 年，一個魔法少女類型的原創百合動畫，為日本動畫界創下了一個經濟奇蹟。這個作品就是《魔法少女小圓》。《小圓》在日本國內外口碑都十分好，榮獲多種獎項，並在「酷日本」計劃名義下創造了 400 億日圓的經濟奇蹟，產生出所謂「小圓經濟圈」的說法。接下來，筆者試以《小圓》為例，說明百合作品的魅力所在。

走進《魔法少女小圓》的世界

觀眾反應：

1. 日本電視放送期：2011 年 1 至 4 月（全 12 話），因 311 地震影響，4 月 21 日深夜凌晨 02:40 連續播放最後三集，錄得關西地區 2.3% 收視，佔有率 22.6%。據說有人在網上表示自己當天特意請假收看；

2. 日本 BD 及 DVD 於 2012 年 10 月 2 日錄得銷量 60 萬枚；

3. 4 種動畫關連商品入選 amazon.co.jp 最佳 2012 年玩具及趣味商品前十名；

4. 日本國外播放地區「網路 / 有線電視」：台灣、韓國、意大利、美國、加拿大、英國、澳洲、紐西蘭；

5. 2011 年 6 月 18 至 21 日間，日本與台灣兩地區 NICONICO 生

菓子魔女之使魔，作者藏品攝影。

作品：魔法少女小圓（中文）/ 魔法少女まどか☆マギカ（日語）/ PUELLA MAGI MADOKA MAGICA（拉丁語）

《魔法少女小圓》劇場版廣告，MEGAMI MAGAZINE, DEC 2012（学研），作者藏品掠影，Setting 桌燈照明。

放送（網路播放），收看人數接近 100 萬，留言評論帖數達
186 萬；

6. 劇場版《新編》由 2013 年 10 月 26 日至 12 月 31 日於日本放映票房突破 20 億日圓；同一作品隨後於海外九個國家放映。

獎項（節錄）：

第 16 回動畫神戶作品賞（電視組別）**日本**
第 15 回文化廳媒體藝術祭動畫部門部門大賞 **日本**
第 43 回星雲賞媒體部門 **日本**
第 11 回 Sense of Gender-Sisterhood 賞 **日本**
Licensing of the Year 2012 in JAPAN 選定委員特別賞 **日本**
第 32 回巴黎書展第 19 回動漫畫格蘭披治大賞最優秀希望賞 **法國**

百合指導生存

　　《小圓》主角為五名魔法少女，除了主角鹿目圓父親和弟弟之外，劇中幾乎沒有男性登場。劇中一隻名叫丘比的可愛寵物，取代了日本老頭的位置，來為少女的人生施加詛咒。丘比以希望誘惑少女，使她們步入注定絕望的人生。在傳統的魔法少女故事中，寵物是少女的忠心助手，從不加害少女。丘比的設定，完全顛覆了魔法少女故事的傳統。

　　丘比坦言，牠來自外星文明，自己前來地球，是為了尋找少女，與之訂立契約。只要少女許願成為魔法少女，她們的願

魔法少女，作者藏品攝影，Setting 戰鬥之姿。

望就能實現，並且她們將擁有魔法，可與魔女對抗。

　　然而，真相並非如此美麗，當少女成為魔法少女後，其靈魂即化成寶石，每次使用魔法，寶石都變得混濁，須要淨化，如無法淨化，魔法少女便走向絕望，最終變成魔女。換句話說，魔法少女的對手——魔女，曾經都是跟她們一樣充滿希望和夢想的魔法少女。

靈魂寶石，作者藏品攝影。

　　隨着故事發展，丘比不再隱瞞目的，它對小圓表示，宇宙能量不斷減少，但地球少女擁有強烈的感情，當少女由充滿希望走到絕望，會釋放出巨大感情能量，可以維持宇宙能量平衡，並邀請少女們為宇宙能量的平衡而獻出自己，成為魔法少女。

　　丘比續說，歷史中很多光輝一時的女性，例如埃及艷后（Cleopatra）和聖女貞德（St. Joan of Arc），都曾經是魔法少女，最後因靈魂寶石無法淨化而成為魔女，走向其悲慘的結局。

鹿目圓與丘比，作者藏品攝影，Setting 謀算與不屈。

　　埃及艷后與聖女貞德都在政治鬥爭中失勢而亡。傳說埃及艷后落入屋大維手中，以蛇毒自殺。聖女貞德則是成為英法戰爭

中的棋子，最後被國家遺棄，遭英軍以魔女罪名處以火刑。

父權社會，素來把女性視為工具，用完即棄。在丘比眼中，少女自身、少女的眼淚、少女的希望和少女的絕望感情，全都是為了獲取宇宙能量而有的道具。按照丘比的算盤，小圓、小炎、麻美、杏子和沙耶加的遭遇，亦將像貞德和埃及豔后的命運一樣，被人用完即棄。所以，丘比的想法，與日本傳統父權思想同出一轍，前者為了獲取宇宙能量，後者為了獲得女性的生育力與忠貞，兩者都是把少女當作達成一己目的之工具。

小圓問：「好過份，難道你沒有感情嗎？」丘比答道：「我們是沒有感情的生物，如果有，我們早就拿自己來製造能量，無須來地球找你們了。」丘比續道：「魔法少女的犧牲不是沒有價值，假如你想通了，願意為這個宇宙犧牲，就告訴我吧！」

社會學家福柯曾說，人類進入啟蒙時代之後，以理性和人道主義之名展開了知識權力的統治，把一切置於科學的眼之下。丘比的話語就是一種知識權力統治，把地球上的少女全部當成研究和利用的對象。在丘比充滿理性和雄辯滔滔的說話面前，少女失去話語權，無法反駁，但心裏卻無法接受這種以理性架空一切的話語。

少女自己的選擇

故事另一名魔法少女曉美炎，多次阻止小圓接受丘比的契約。小炎來自未來，她曾經受恩於小圓，她知道丘比的目的和

魔法少女的最終命運。在故
事中，小炎毫不猶豫地開槍
射殺丘比，但丘比殺不死，
牠死了之後，新的丘比又會
出現，並把先前自己的身體
吃掉，然後繼續實行一直以
來的計劃。這樣的丘比，象
徵幕後大佬無法消除。

圓與炎，作者攝於香港。

只有處境相同的少女們，才能無條件互相依
託。

　　起初，小炎是最弱的
魔法少女，連戰鬥的方法也
不會，但她曾經許願，渴望
回到過去保護小圓，因此獲
得操作時間的魔法。小炎在
終末之日無數次目睹小圓變
成魔女或戰死，然後一次又
一次讓時間逆流，回到過去，
阻止小圓變成魔法少女，卻
一次又一次失敗。她變得成

《魔法少女小圓》劇場版，MEGAMI
MAGAZINE，DEC 2012（学研），作
者藏品掠影，Setting 隨意工作桌。

熟、富有經驗，同時愈來愈絕望、孤單。她這麼做，只因為小
圓是第一位給她溫暖的朋友。她說：「救出小圓，是我在迷失
時空裏的唯一路標。」小炎曾嘗試把真相告訴大家，但沒有人
相信，直到麻美戰死，沙耶加陷入絕望，變成魔女。於是，她
決定單獨戰鬥，不再倚賴他人。

故事的終末，小圓選擇成為魔法少女。她的願望，是讓歷史上所有魔法少女免於絕望，在成為魔女前就得到救贖。丘比評價，這個願望違反邏輯，如果願望達成，小圓將會變成主宰世界的一個邏輯理念，不再是人類。最後，小圓改寫了歷史，自己成為理念而消失。她讓所有少女們生活在一個無須為絕望折磨的世界，因為小圓把自己變成了一個定理，保護着世界裏的每一名少女。這是一個少女以自己的存在換取歷史管理權的大膽故事。

《小圓》與《花物語》

《魔法少女小圓》故事所採用的藝術意象，與百年前的少女文學《花物語》異常相似，可說是繼承了少女文學的衣缽，以動漫形式將之發揚光大。

少女意象

《小圓》與《花物語》所呈現的少女意象，是相通的。少女意象的主要表現，是女孩子不願長大，

保護，作者藏品攝影，Retouch & Setting 焦點曉美炎。

不想長大成人，渴望永遠停留在最美的少女時光，與姊妹一起。在《花物語》故事裏，少女不願畢業，不願嫁人成為人妻。在《小圓》故事裏，小炎不斷使時間逆流，無數次回到過去，迴避絕望結局。至於小圓，則為了所有的少女，自願化為理念，永遠保持少女的姿態。無論是一百年前的《花物語》少女，還是如今的魔法少女，都不願讓時間前進，拚命迴避父權社會為少女訂造的絕望人生。

少女愛意象

《花物語》排除了男性的存在，因為在現實社會的安排下，男性無可避免成為在家裏轄管自己的角色。只有處境與自己相同的另一位女性，才值得依託感情。所以，《花物語》故事，大

學園少女愛，PUBLIC DOMAIN/ パブリックドメイン Q。

多圍繞着女孩子之間的感情，也就是少女之間的愛。在《小圓》故事裏，五名魔法少女面對相同的絕望處境，只有同為魔法少女的另一個人，才能明白自己，彼此扶持。在故事中，除了小炎與小圓之間不渝的愛，還有杏子和沙耶加的殉死、麻美對學妹感情的渴求。

繭意象

在《花物語》裏，包圍少女的繭就是學校，學校是少女成為人妻之前，得以自由編織美夢的地方。在學校的有限時光中，她們可以暫時忘記現實社會責任，獲得短暫的自由，這也是她們不願意長大和畢業的原因。在《小圓》故事裏，五名魔法少女相遇的時光，也構成了繭。這段時光，在敘述上，是由小炎在醫院醒來開始，終結於對魔女之夜戰敗之時，是魔法少女們僅有的自由時光。魔女之夜，是極為強大的魔女。丘比說，只有擁有特殊天賦的小圓成為魔法少女，才可能戰勝魔女之夜。換言之，魔女之夜是丘比誘使小圓變成魔法少女的皇牌。相對地，對小炎和小圓來說，魔女之夜即是殘酷的畢業禮，是絕望的結局。

故事結末，小圓又把自己封入另一個繭，她祈願魔法少女免受絕望，自己成為了「圓環之理」，不再受時間拘束，隱藏在宇宙之中守護朋友，連宇宙也成為了繭。所謂繭，就是讓少女迴避現實與絕望的地方。

悲劇與傷感

在《花物語》裏，作者用眼淚和敘情性的美文表現傷感。在《小圓》故事裏，麻美死在魔女手上，沙耶加靈魂崩潰淪為魔女，杏子殉死，小圓與小炎不斷迎來絕望結局，悲劇情節接二連三，故事中段情節被評為高度致鬱，令粉絲特別難受。可

是，少女故事愈是傷感，觀眾讀者愈是不離不棄，原因只有一個——觀眾讀者在少女身上看到自己的命運，而少女在故事中的掙扎，為觀眾讀者指出了超越人生困局的可能性。

有一點值得注意，少女雖然拚命掙扎，拒絕現實社

中原淳一少女畫明信片，懸賞賞品復刻 /《少女之友》創刊一百週年紀念號，2009（實業之日本社），作者藏品掠影，Setting 雀躍開信。

一百年前，中原淳一筆下之少女畫深受少女讀者喜愛。有評論者稱，畫中少女形象，身體的每個設計，都有別於良妻賢母的形象。

會賦與的枷鎖，但她們並沒有破壞社會的規則，使少女得以與現實社會並存。到了結末，小圓找到了超越對立的第三方案，就是自己成為圓環之理，把丘比獲取宇宙能量的手段無效化。奇妙地，世界改變了，少女的工具性也消失了，然後丘比也不再與魔法少女對立，產生了小炎與丘比繼續共同作戰的世界線。原來，只要少女的利用價值消失，敵人也可以暫時化為朋友。（在後來的電影版中，丘比死心不息，再次成為奸角。）

腐女子文化

10 COUNT，作者藏品攝影，Retouch 橙腐。

在日本御宅社群之中，存在一個特殊的族群，此族群幾乎清一色女性，偏好 BL，自稱「腐女子」。「腐女子」泛指「嗜好描寫男性同性戀愛及性愛的『Yaoi（やおい）』和『Boy's Love（BL）』的女性」。

作者沒有對腐物的感應器，介紹腐物 BL，必須倚賴腐女子推介。店員：「想挑些甚麼？」答：「要腐一點的！」「這個吧！真腐，我都睇，看似腐而已。」買下襟章。回家一查，不得了，10 COUNT 曾榮獲日本「全國書店員票選推薦 BL 漫畫 2015」第一名，單行本發行逾 150 萬部，GJ！

在日語裏，「腐女子」與「婦女子」讀音相同，漢字寫法只有一字之差。「腐女子」雖含有貶義，但據悉「腐女子」稱謂不是外人起的抹黑稱謂，而是腐女子自己給自己起的名字，聊以自嘲，意思是「我們愛好這種東西，還感到興奮，我們腐朽了」。社會上有人把所有女性御宅、百合粉、H 漫粉的女孩通稱「腐女子」，實是搞錯。

少年愛、耽美、JUNE、BL、Yaoi

翻查記錄，自 1990 年代起已經有女性自稱「腐女子」。至 2005 年，腐女子開始受到日本主流媒體注意。以「男男愛情」為主題的動漫作品，也就是 BL，則起源於 1980 年代，按其發展先後有少年愛、耽美、JUNE、BL、Yaoi 等不同的稱謂。

花之二十四年組時代的男男作品稱為「少年愛」，比如竹宮惠子的《風與木之詩》和萩尾望都的《托馬的心臟》，都是早期少年愛故事的代表作和傑作。典型的少年愛故事，幾乎沒有少女角色，故事只關乎男孩與男孩之間的愛情，但卻採用了少女漫畫畫風來繪製，是少女漫畫家為少女讀者而畫的漫畫。出於花之二十四年組漫畫家筆下的少年愛故事，可説為後來的 BL 設立了標準，建立了讀者基礎。「耽美」的説法，則是來自日本耽美派文學，據説最初的少年愛漫畫曾受到耽美派文學較大的間接影響。

1981 年，小説漫畫混合雜誌《JUNE》創刊。當時，《JUNE》主打男同性戀故事，讀者既有男同性戀者，也有不少女讀者。漸漸，「JUNE」成為了男同性愛作品的同義詞，從此男男作品又稱為「JUNE」。

1988 年，同人 Yaoi 創作急增，腐女子興趣開始形成御宅新興力量。據統計，當時 Comiket 同人誌社團參展者，大半是女性，並以 20-30 歲的年齡層為主。

對於一般人而言，男男作品都是同一樣東西，但專門研究

腐女子的大坂理惠指，少年愛、BL、Yaoi 和男同性戀者的 Gay
Boom 之間，有着微細的差別，不宜混為一談。

　　首先，花之二十四年組的少年愛故事，主角通常是思春期
少年，中性身體，故事舞台多為西方全寄宿男子學校，與少女
讀者所在的現實生活距離很遠，對少女讀者而言是一種幻想故
事。

　　BL 多是職場男上司與男下屬，或學校男教師與男學生之
間的愛情關係。

　　Yaoi 是把現有少年動畫作品改寫，使之變成男男故事的二
次創作。《足球小將》是熱門的改編對象，舞台是日本中小學
足球部。

　　無論是 BL 還是 Yaoi，主角都已不是中性，男性特質明顯，
已脫離了少年愛的氛圍。

　　至於 Gay Boom，代表作是《CREA》雜誌在 1991 年推出
的男同性戀特集，對象讀者多是關心現實世界男同性戀者生活
的職業女性。從喜好的角度來看，腐女子主要以 BL 和 Yaoi 為
精神食糧，少年愛屬於早期的少女漫畫迷，Gay Boom 內容更
是與動漫文化和宅文化無關。此外，從行為模式來看，腐女子
雖然跟御宅族有共通點，但兩者之間的差異也很明顯。

她們的消費行為

池袋太陽城，CC BY-NC-ND 2016 lightss5422/photozou.jp

一般認為，御宅族的聖地在東京秋葉原，而腐女子的聖地在東京東池袋。杉浦由美子如此解釋兩者之差別：

腐女子偏好消費漫畫、動畫DVD等御宅商品，基本上不碰高級洋服和手袋。腐女子這種消費行為，與「非高級時裝商場」太陽城很相配。可以說，腐女子「渴求同人誌及動畫商品，但也買衣服、買手袋」。這與秋葉原男性御宅族「渴求動畫DVD，但也買電腦周邊」相似。再者，跟「孤高的男性御宅」不同，腐女子結伴而行。通常情況下，她們二人一組外出，走着走着，就會覺得「不喝茶不行！」剛好太陽城有很多雅緻的咖啡店。

腐女子雖然喜愛男男故事，但她們在現實中的行為，卻是女女二人一組，是滿滿的百合。

BL 通道，作者攝於某腐之領域

攻受

腐女子愛讀的作品，都是「前方高能反應」的東西，性描述多，尺度大

腐女子東西是自覺的邊緣裏文化，腐物不會置於隨處可見的地方，她們的領域只招待同好，必須迂迴地走進去。

膽，脫離了大眾常識範圍，圈外人瞥見必大吃一驚，感受高能衝擊。

日本人文化相當獨特，對性的態度比華人寬鬆，普遍接受性享樂，因此腐女子以文字記述性享樂，自創 Yaoi 和 BL，尺度雖然大膽，但卻是社會所「默許」的。再者，腐女子都明白自己喜愛的東西，外人未必接受，所以很少公開自己的興趣。她們這樣做，不是因為自卑，而是為了保持與他人的融和關係。

腐女子愛讀的小說，有以下典型內容：

1. 作品涉及色情內容；

2. 作品涉及直接的性愛感受描寫；

3. 把角色區分為 S（虐待狂／攻）及 M（受虐狂／受）；

所謂「攻」和「受」，是腐女子的愛用語，「攻」相當於 SM 的虐待方，即是主動挑情的一方，「受」相當於受虐方，是被動的一方。不過，BL 不一定含有虐待情節。區分攻受，是腐女子的本能。腐女子之間有一習俗，就是經常為故事中的男生誰是攻、誰是受而引起爭論，並樂在其中。

Yaoi（やおい）奧義～三無

BL 與 Yaoi，除了題材上有點不同之外，其實 Yaoi 有另一個更加深遠的意義。

Yaoi 日語原詞寫作やおい，於 1979 年出於坂田靖子等人的漫畫同人社社刊《らっぽり～やおい特集号》（Rappori~Yaoi 特集号），やおい是該刊作者自創的新詞，又是合成詞。

や（Ya）即是山（高潮），お（O）即是落ち（結局），い（I）即是意味（意義）。三個假名合起來是やおい（Yaoi），取的是反面意思，代表「沒有高潮（やまなし）」，「沒有結局（おちなし）」，「沒有意思（いみなし）」，筆者姑且譯之為「三無」（意譯）。換言之，Yaoi含有自嘲的意味，相當於周星馳電影的「無厘頭」。

其實不是所有的Yaoi都是三無，Yaoi只是腐女子解釋自己的另一個自嘲語而已，與「腐女子」這個稱謂同出一轍。腐女子處處自嘲，既是自我認同，又是生存策略。

採用一般常識，無法說明Yaoi和無厘頭為何受歡迎，因為Yaoi和無厘頭都是審美體驗，只能通過哲學和美學的語言來說明。從美學角度看，Yaoi和無厘頭是肯定性的審美，態度是最高的包容。為何這樣說呢？就連無厘頭、沒有高潮、沒有結局、沒有意義的東西都能接納，讓人心情舒暢，無拘而自由，開懷大笑，這不是包容又是甚麼呢？Yaoi和無厘頭有別於古典高雅藝術，古典高雅藝術總是要求多多，樣樣要求做足，然後追求壯嚴、悲憫、崇高這些審美體驗，副作用卻是規範太多，使人喘不過氣。Yaoi和無厘頭，則是與之相反，較為靠近幽默、詼諧、喜劇的審美體驗，屬於通俗藝術，特別是拒絕規範，令人舒懷。

腐女子享受BL故事的妄想時，不要求高潮，不要求結局，不要求有意義，這樣的BL沒有任何規範。沒有規範，就沒有專家。沒有專家，就沒有人能對我指指點點。換言之，Yaoi和

左：大空翼／陳列品，作者攝於香港；
右：《足球小將》卡牌，作者藏品攝影。

男子與男子之間的友情故事，在一般男孩子觀眾和腐女子眼中，有着截然不同的色彩。男兒勵志故事，像《足球小將》，往往是 Yaoi 愛好者的靈感泉源。

BL 是解構的藝術，自帶權威抗性。

曾經寫過 Yaoi 小説的日本女性科幻小説作家大原真理子曾在一個訪談這樣説：

我開始寫作 Yaoi，不是模仿他人，而是作為一種敘述的需要（那些日子，我們只把這種小説稱為同性戀小説），把我想像裏的性愛描寫出來。也許，我無法享受約定俗成的色情作品，那是為男人寫的；我對它的父權形式感到不耐煩。這是為甚麼我禁不住創作一種新風格的性愛。而我不是唯一一個這樣想的

人。是女性的急切需要在日本和其他國家同時產生了 Yaoi 小說。

大原真理子的講法，解釋了為何腐女子愛好的是男男而不是男女的性愛，因為在日本，男女性愛故事是男人的專利，男女性愛故事已經注入了太多男人的想法，並不體貼女孩子對性愛的想像需要。腐女子知道，那些男女色色的故事，不是自己的東西，所以她們自己創作自己的色情東西，也就是 Yaoi 和 BL。Yaoi 和 BL 源於

王室教師海涅，月刊 G FANTASY，AUG 2019（Square Enix），作者藏品掠影，Retouch & Setting 浴室。

日本人愛好共浴，男子共浴十分平常，但在腐女子眼中，男子共浴插畫絕對是恩物。

日本女性自身對性愛想像的自由表述需求，這種需求簡明而直接，無須有章法、劇情，無須有意義，只要能想像兩名帥哥玉帛相見互相纏綿，一攻一受，那就可以了。

腐女子是長大後的少女

腐女子大約出現於 1980 年代末。這個時期，原本那一批愛讀花之二∣四年組少年愛漫畫的讀者，剛好長大了。不願長大的少女，始終得長大，被逼面對長大了的自己，以及自己成熟後的性。

其時，家制度不再在民間流行（上流社會例外），女高中

生畢業後，其中不少選擇遲婚，先做幾年 OL 享受一下自由生活。我們可以想想，這些拒絕立即結婚的成熟少女，會怎樣享受自己的 OL 自由時光呢？毫無疑問，她們其中有一些人，選擇了腐女之道。少女時代所讀之少年愛漫畫，曾經向她們啟示了生存的另一種可能性，如今她們可以全心全意往腐的方向繼續享受了。

在腐女子出現的同時，也就是 1988 年前後，市面流通的女性漫畫大增。早在 1980 年，日本市面僅有兩份女性漫畫雜誌流通。及至 1991 年，女性漫畫雜誌增加至 48 份。有論者指出，少女漫畫挑戰了社會既定的性別角色，但少女漫畫無法觸碰少女的性慾，女性漫畫則沒有這個限制。女性漫畫能讓讀者直接面對自己的身體和性慾。可惜，女性漫畫仍是男女異性愛的情慾漫畫，性愛對手依然是男性，結局往往是戀愛成功，男女主角結婚收場，然後女性又再回歸家庭主婦（良妻賢母）的原點。腐女子漸漸發現，女性漫畫不是自己所渴求的那一杯茶，於是她們開始自己畫漫畫，自己製作了 Yaoi 和 BL，這一些男男性愛故事，不會有結婚的結局，保證不會讓她們走回頭路，可以讓她們永遠地忘記「良妻賢母」的咒縛。

腐女子的邊緣自覺

腐女子以自嘲作為生存策略，是為了調節自己與主流社會的關係。她們自稱「腐」，又指自稱其愛好「沒有意義」，反映她們強烈意識到自身的邊緣性。她們明知，外頭的人必定認為她們有點不正常。不過，這份愛好雖然不正常，但卻為日本社會所「默許」，同時又能滿足她們的心靈追求。

腐女子的邊緣意識，可見於腐女子網誌上常見的免責文。在一個腐女子網誌《柘榴之月》上，寫有一節免責文：「意味のわからない方、嫌いな方は読まないことをお勧めします。」（如果看不懂，或者會感到嫌惡，請不要讀下去。）另一個腐女子網誌《貓頭鷹之城》清楚寫明：「男性同士の恋愛描写がございますので，苦手な方や、そういった嗜好で無い方は御遠慮ください，お好きな方は、楽しんで行ってくださいね☆」（含有男同性戀愛描寫，不喜歡者，或沒有這個嗜好者，敬請止步，同好請進入享受）。在這些免責文背後，彷彿有一道界線，劃分了兩個世界，逾越這條線，就是另一個嶄新而令人意想不到的世界。網誌主

年齡限制，作者攝於某腐之領域。

BL 年齡限制之封條，是一道二次元境界線。

人心知肚明，世人對自己這份興趣的觀感，是兩極化的，要麼是同道中人，好東西可以一同分享，要麼是嫌惡自己的人，謝絕參觀。嫌惡腐女子興趣的，一般會是哪類人呢？最有可能是男性訪客，看着腐女子幻想自己肛交，一般男性都會不舒服吧？

Yaoi 有所謂的男男配對，以「×」為記號，例如「修奈達×若林源三」（《足球小將》），即是修奈達攻，若林源三受。Yaoi 慣常的性愛場面流程是，攻方引導受方射精，然後插入受方肛交。不過，性愛關係可以有多種變化或可能性，如果較年輕一方做主動，稱為年下攻，如受方強作傲慢，稱為女王受。《現視研》描寫一群大學御宅族的日常生活，當中幾名腐女子主角，興趣就是「妄想」，身邊男社員無不成為她們的妄想對象。作為腐女子的男性友人，必須包容她們這種興趣，明白她們不存惡意。

腐女子很小心地保持自己與主流社會的距離和關係。她們不介意被視為邊緣，正因為位於邊緣，她們才能找到自己的自由王國。換言之，Yaoi 之於腐女子——長大後的少女，是繭的延續，這個繭容許她們以另一種方式享受自由。

日本少女可愛文化

鬆弛熊家族／陳列品，作者攝於香港，Retouch 色彩增強。

　　除了百合、男裝麗人、Yaoi 等，日本少女還有另一種獨特的審美文化——可愛文化。日本少女對「可愛」事物之狂熱程度，一度震驚世界。

　　「可愛」與「萌」，關係匪淺，但起源並不相同。「萌」產生於御宅文化，「可愛」則直接來自日本本土文化。可以這樣看，「萌」和「可愛」是海上兩股遙相呼應的強力熱帶氣旋，起源雖不相同，卻彼此吸收，互相影響，形成「萌」中有「可愛」，「可愛」之中有「萌」的格局。

「可愛」全球化

　　「可愛」是日語「かわいい（Kawaii）」的漢語意譯詞，音譯則可寫成「卡哇伊」，在英語「かわいい」一般對譯為「Cute」。

日本國內和西方很多論者，早就注意到日本少女可愛文化的全球化風潮。以下是一些論者的評述。

美少女戰士西粉 Cosplayers, CC BY-SA 2.0-2014 ActuaLitté/ WIKIMEDIA COMMONS

《美少女戰士》西傳為西方人士帶來了萌之啟蒙。

「包含日本的可愛文化的潮流文化，因為互聯網及 Youtube 等的普及，一瞬間超越國境，在世界中廣佈，抓住了年輕人的興趣和關心。」（會澤まりえ、大野実）

「如果不是美少女水手服戰士世界大熱，猜想今日『可愛』概念可能不至於如此輕易地滲透到世界各地的女孩身上⋯⋯」（櫻井孝昌）

「可愛。因為這詞幾乎出現在日本女孩的每句說話裏，這通常是（海外）動畫粉絲學會的第一個詞語。這可能是日本最常見的一個單詞，女孩之間恆常發出『卡哇伊！卡哇伊！』的尖叫，為了形容幾乎所有事物，有時令人嘔心。」（一位西方論者）

關於可愛文化，有三點幾可確定。第一，日本少女的可愛文化已傳播到西方社會，已經全球化了。第二，可愛文化已融合在 ACG 文化之內。第三，可愛文化直接體現於當代日本少女的日常審美生活，日本女孩對各種各樣的可愛事物產生瘋狂反應，令西方人士感到詫異。

甚麼東西算得上「可愛」？

在日本少女文化中，並非任何東西都算得上「可愛」。根據《無論如何想用英語傳達的日本事情 100》一書的說法，「『可愛』的語義接近英語的『cute』與『pretty』，常用於形容小狗、嬰兒或細小的花，對女孩來說，任何可愛或對她們特別的東西都可用『可愛』來形容」。

可愛忘我，PUBLIC DOMAIN/GAHAG，Retouch 日語設計對白。

另一個說法是，「凡細小之物、有些地方感覺親愛、或者幼小之物，皆稱為『可愛』」。由小狗、嬰兒與細小的花這三種事例去理解，『可愛』具有弱小的特質，而且因為弱小，女孩們可以去愛它，因而感到可愛。

從事服裝研究的古賀令子，著有《可愛之帝國》一書。她從少女服裝文化角度講述了何謂「可愛」：

1. 「可愛」把「未成熟」作為愛好對象；

2. 「可愛」服裝富有裝飾性；

3. 「可愛」是日本文化內對迷你事物的着迷；

4. 「可愛」是女孩子的特殊價值觀；

5. 「可愛」是日本高度消費文化的象徵物；

6. 「可愛」是「去敬」的平面價值觀；

7. 「可愛」是擺脫「大人社會」規範（重視效率）的價值觀。

此外，古賀令子又引述了好些文化工作者的看法，甚有參考價值：

「可愛的形象，像布偶那樣，又圓，又柔軟的東西，令人感到治癒和安心……」（大森美香～劇作家）

「人類的 DNA 內，覺得應該保護的東西是可愛的……」（石田衣良～小説家）

古賀令子對少女可愛文化的説明，全面、深入而又獨到。她説，可愛是女孩子的價值觀，是用來抗衡「大人社會」的價值觀。日本人的大人社會，強調效率、理性、人際間的高下等級關係。對少女來説，大人社會容不下弱小。大人容不下的東西，她們萌生一種想要保護的母性之心，並稱之為可愛。

在古賀的説法中，有一個特別的詞——「去敬」的「平面」價值觀。由於少女對弱小者的愛護，不分高下等級，因此不是「垂直」而是「平面」的價值觀。又因為這種愛超越了輩份階級，不要求對上級者表示恭敬，所以是「去敬」的價值觀。因此，「去敬」和「平面」不是貶語，甚至是愛的

忍野忍 / 西尾維新《物語》系列陳列手辦，作者攝於九州小倉。

參考古賀令子對於可愛的説明，作者想起了化身成為幼女、原為近六百歲高齡的吸血鬼姬絲秀忒‧雅賽勞拉莉昂‧刃下心。吸血鬼公主能力遭削弱，卻取得了「未成熟」的幼女身體，取名忍野忍，獲得了「可愛」屬性。

酣睡中的伊貝／陳列，作者攝於香港。

本質。在這一層意義上，可愛文化與百合、男裝麗人和 Yaoi 一樣，是對嚴格的父權社會階級規範的抗衡。不過，可愛文化的抗衡形式比較溫和。感覺上就是，對於弱小事物，大人當嚴父，少女願當慈母，給與保護。

再者，可愛文化根源於傳統日本文化對迷你事物的濃厚興趣。自古以來，日本人不分男女老少，都喜愛細小的東西。時至現代，日本男兒繼承了刻苦、嚴苛、求勝的傳統。那麼，出於兩性分工，日本人傳統上對於細小事物的愛情，就只能留給女孩子來繼承了。

連醜陋也能包容的母性

一般認為，能被稱為「可愛」的東西，可以很細小，但必然是正面的、漂亮的、可親愛的。不過，日本少女文化的「可愛」，在特殊的情況下，偶然連這個漂亮的框框也一併打破，把愛的對象延伸至需要保護的醜陋之物。

宮元健次曾在《日本的美意識》一書中，指出日語中的「かわいい」一詞（可愛・可愛い・kawaii），語源上與另一詞語「可哀想」（かわいそう・可哀想・kawaisou）相關。「可哀想」

意思是「看起來很可憐的樣子」，讀音與「看起來很可愛」完全相同。宮元說，「可哀想」產生「可愛」之情。保護可憐弱小，成為正面的美。

對於「可愛」的這個意義，1996 年《美術手帖》雜誌 2 月號有以下大膽的表述：

「かわいい」の世界はさかさまの世界だ。

弱い者が力をもち　強い者を従わせる。

「かわいい」世界では　醜いものが美しくなる。

小さいものが大きくなる　恥ずかしいものが大切なものになる。

恐ろしいものが愛おしいものになる。

死んだものが生を受ける。

筆者譯：

「可愛」的世界是倒錯的世界。

弱者擁有力量，讓強者順從。

在「可愛」的世界裏，醜者變為美。

小者變為大，羞恥者變為重要。

恐怖者變為可愛者。

死者獲得生命。

《美術手帖》對「可愛」的詮釋，讓筆者想起高田裕三漫畫《3×3EYES》裏的一個情節。《3×3EYES》是 1987 至 2002 年的奇幻作品，故事環繞人神妖之間的爭鬥，少女主角名叫佩，具有二重人格，她既是普通的日本少女，有時又張開額

上的第三隻眼，化身為印
度女神佩爾巴莉。高田裕
三在故事中描畫了各種各
樣形象奇特的魔物。這些魔
物，形象多異樣醜陋，沒有
人會認為美。

3X3EYES／書攤，作者蔭於香港。

　　然而，在少女佩的眼中，
無論魔物如何醜陋，只要牠
沒有傷人的意圖，心中畏懼，
佩也稱牠們為「孩子」（日
語「このこ」｛這孩子｝），
將之看成可愛之物。故事有這樣的一幕，佩在異空間旅行，遇
到一隻醜陋衰殘的魔物。魔物求助：「救命……我長得醜陋
又沒用……所以要被殺死……這裏安達卡的女神討厭醜陋的東
西……」轉瞬間，魔物就被殺害。佩質問女神使者：「你怎麼
能夠這樣對付一個懼怕的孩子？」

　　當時筆者還沒有接觸美學，不懂任何美學概念，無法表達
心中所感受到的震撼，但我確實深深地被打動。硬要說的話，
我應該這樣說：「少女不因牠的醜陋而嫌棄牠，反而理解了牠
內心的恐懼，把它視為可憐的孩子，這樣的少女非常─　」到
底是非常甚麼呢？當時我說不出，無論說是「了不起」或「偉
大」，都無法準確表達我的敬慕。

　　換言之，當代日本少女文化的「可愛」，是少女們的母性

表現，一種想要保護弱小事物的感情。一般來說，可愛之物是細小、弱小、可親、可憐憫、需要保護之對象，但這種母性感情有可能深化至一個境界，能超越一般的美醜觀念，連醜陋但弱小之生命也能包容。

日本少女的可愛文化產生了很多大賣的可愛形象商品，例如三麗鷗公司的「懶蛋蛋」（蛋黃哥），把雞蛋黃擬人化，化為弱小易破的小生物，形象我見猶憐，反而受到女性消費者的青睞。這個商業奇蹟，其實出於蘊藏在少女內心的強大母性，這種母性在審美消費中獲得了昇華。這一類的商業奇蹟，採用任何功利的現實學說和法則，都無法預測。

Hello Kitty 因無口而可愛

日本少女可愛文化最具代表性的象徵物，也許非三麗鷗公司的 Hello Kitty（吉蒂貓）莫屬。

造型上，Hello Kitty 只是一隻線條簡單、穿人類服裝、耳朵旁戴着一個大蝴蝶結的白色小貓。與其他當紅動漫角色不同，她受歡迎，並不因為任何動人的故事劇本。然而，Hello Kitty 產品全球市場達到 50 億美元，讓無數商家欣羨和困惑。商人不明白：「為甚麼如此簡單的小貓形象可以如此大賣？」至今為止，沒有多少人能複製 Hello Kitty 的成功方程式。事實上，三麗鷗公司創作的吉祥物非常多，例如布丁狗、PC 狗、花兔、雙子星、美樂蒂、肉桂狗等，這些 Hello Kitty 的兄弟姊妹跟

Hello Kitty 同樣可愛，但牠們都及不上 Kitty 姊姊那麼受歡迎和長青。

一位西方論者認為，Hello Kitty 突圍而出，因為 Hello Kitty 具有一種「禪式可愛」，簡潔和缺乏被提升至美學層次。

其實，問到 Hello Kitty 缺少甚麼，好多孩子都懂得回答：「她沒有嘴巴！」在香港，小朋友流行一條 IQ 題——「吉蒂貓是怎樣死的？」標準答案是「餓死」，因為她沒有嘴巴，所以無法進食（誤）。

歡迎來到日本 /HELLO KITTY 大使 / 宣傳，作者攝於九州豪斯登堡。

Hello Kitty 的魅力是多方面的。例如，她取了貓與少女的形態。不過，更重要是，她沒有嘴巴。沒有嘴巴，讓 Hello Kitty 看起來人畜無害，讓女孩子覺得可愛，平易近人。為甚麼沒有嘴巴，反而顯得「可愛」？「大人世界」的理性要求，都是用嘴巴來表述的。沒有嘴巴，就不會像大人那樣罵人和講「偉大」道理。沒有嘴巴，Hello Kitty 就成為孩子最佳的傾訴對象，因為不會插嘴。沒有嘴巴，她被人罵了，也不能還口，十分可憐。萌文化中有所謂「無口」的萌屬性，Hello Kitty 天生無口。無口令少女覺得可愛，超乎常識。

創作 Hello Kitty 的三麗鷗公司曾經指出，Hello Kitty 不是貓，而是一位女孩子。其實，在少女消費者的心中，Hello Kitty 是貓，也是少女，她本來是甚麼，並不重要，最重要是，女孩子認為她「可愛」。

正太控的啟示

可愛文化與 ACG 文化碰撞，產生了「正太控」。

正太與蘿莉相當。蘿莉指幼女，正太則是幼年的男孩。日本 ACG 文化素來把狂熱愛好者稱為「控」（日語：コン／讀音 Con，英詞 Complex 的縮略語）。例如，喜愛百合者，稱百合控；喜愛幼女者，稱蘿莉控；戀慕兄長者，稱為兄控；喜愛正太者，稱正太控。這些說法多與「腐女子」的稱謂一樣，或多或少帶有自嘲的意味。「正太控」一般為

《蠟筆小新》單行本，作者攝於香港。

蠟筆小新 5 歲，是較為幼齒、肆無忌憚、童歡較旺盛的正太。

160

女性，相信與日本女性的可愛文化相關。

　　「正太」這個稱謂，據説來自橫山光輝《鐵人 28》裏的男主角金田正太郎。正太郎是一名年幼男童，通常穿着短褲。現今，這個形象已成為了正太的典型。除了《鐵人 28》金田正太郎之外，《勇者王》天海護和《名偵探柯南》的柯南，都是人氣正太。

　　正太符合了弱小、年幼、需要年長女性保護的特點，所以對日本女性來説，正太是人世間至為「可愛」的雄性生物。一方面，正太年紀幼小，雖然是男性，但他還未受到大人社會「污染」，仍然純潔無邪，不像日本老頭那樣對待女性。另一方面，正太快要長大，大人世界即將把成年男性的重責加給他，使他難於承受。弱小、純潔、易受傷害等素質加起來，更容易激發少女的母性。正太控的存在，反映日式父權社會讓人難受，但日本女性並沒有因此憎恨男性。她們對正太少年懷有愛護之心，表明她們未對男性絕望。

　　太陽折射，彩虹有七色。本章討論過了六種少女文化，下一章起探討第七種—— ACG 萌文化，也就是本書的主菜。

ACG 萌文化

抬頭盡是萌，作者攝於東京秋葉原。

萌是一種真菌

「萌」文化，是整個少女審美文化和 ACG 文化的表層，有如一朵花或一朵菇菌。一朵花、一朵菇，是那朵花和那朵菇的本體嗎？不，搞錯了。

一朵花的本體是整株花樹，包括了種籽、樹幹、樹枝、樹葉、樹根、花苞這些全部的東西。一朵菇，摘出來吃了（無毒才可以吃喔！），我們以為自己吃了那朵菇的全部。其實不然，那朵菇只是整個菇菌在地面的一小部份，菇菌在泥土下有菌絲，延伸至遠處，每節菌絲都可長出另一朵菇。據說，世界最大的生物是一個名叫蜜環菌的菌絲體，它的菌絲覆蓋了 9.7 平方公里的面積。那麼，哪個才是蜜環菌的本體呢？是冒出來的那朵菇？還是地底下連綿不斷的菌絲母體呢？

既然菌絲是相連的，那麼只有它們在一起的全部，才是它的本體吧？少女文學、「萌」文化和 ACG 文化也是一樣。它們是相連的文化，它們的全部愛好者，就是菌絲。沒有這些藏在泥土裏的愛好者的支持，泥土上漂亮的菇菌如何能長出來呢？

萌的語源

一般認為，「萌」作為常用語，起於 1980 年代末。當時，日本民間開始有了互聯網，對應網民的通訊需要，服務業者開發了日語輸入法，能支援輸入漢字和假名。輸入法設有變換鍵功能，只要按一下鍵，就能把一組讀音，轉換為另一

巨大敵人／《機動戰士高達》，作者藏品攝影，Retouch 花火宇宙。

說起「燃え」，老宅必記得元祖高達，因為主題曲的起頭，就是連唱兩次的「燃え上れ」（燃燒起來吧！）。如此說來，由「燃」變「萌」，與 Girl Beats Boy 的進程吻合。

組同音漢字。「燃え燃え〜」（音 moemoe；熱血的意思）這一組字，剛巧跟「萌え萌え〜」同音，網民很容易把「燃え燃え〜」變換成「萌え萌え〜」，促使了「萌」這個詞的普及。至於那個時代的網民為何常說「燃え燃え〜」，就很好理解。原因是日本動漫發展，是由男孩子趣味過渡至少女趣味的歷程。首先流行起來的男孩子趣味，主要就是熱血機器人動漫，而表達熱血感情的用語就是「燃え燃え〜」。

另外，也有一個說法，指「萌」來自一位動畫人物角色。1993 年 NHK 教育電視節目《天才電視君》，曾播出一齣兒童科幻動畫《恐龍惑星》，女主角的名字叫做鷲沢萌。也許鷲沢萌太受歡迎，網民突然流行發言後以「萌〜！」作結。不明所

以的人問道:「萌是甚麼啊?」網友回答:「喜歡這樣的角色」。
除了鷲沢萌之外,也有人認為《美少女戰士》的土萌螢和少女
漫畫《撞向太陽》的高津萌(男)與「萌」的普及有關。

　　起初,「萌」的對象主要是動漫人物或偶像,經過 2005
年「萌」入選 U-CAN 新語・流行語大
賞十大之後,「萌」的使用範圍進一步
延伸,但凡對可愛或有魅力之事物傾
倒感情,都可稱為「萌」。

暫停吃藥,先萌起來～

　　筆者是個雄性生物,出乎意料
地,曾有同門師妹用「萌萌噠」來
形容我,證實了「萌」確如《萌娘
百科》所說,除了用於人類女性外,
也可以用於形容討人喜歡的男性、
甚至非人類、非生物等。

　　「萌萌噠」這個詞語,據知起
源於 2014 年一則中國網絡帖子:「今
天出來沒吃藥 <（￣▽￣）> 感覺
整個人都萌萌噠 p（#￣▽￣#）o」。
後來,這句話就在網絡上火起來
了。「沒吃藥」的梗跟「萌」原

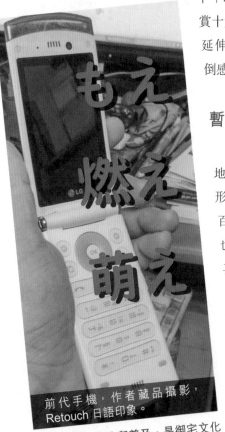

前代手機,作者藏品攝影,
Retouch 日語印象。

智能手機的演進與普及,是御宅文化
與萌文化發展起來的先決條件。

本的意思相關聯。吃藥可以控制情緒，沒吃藥表示自己情緒將不受控，自己將受「極端喜好」的情感支配，變得「萌萌噠」。大概，「萌萌噠」就是放開社會的理性枷鎖、坦率地用感情來生活的一種狀態吧。

呼喚心中的萌娘

四方巴麻美，作者藏品攝影。

討論「萌」，建議先由切身體驗開始。讀者可以回想一下，自己曾經萌上了哪一位動漫角色？

筆者所喜愛的萌角色，有巴麻美、閻魔愛、北方醬等。以筆者所知，御宅圈內最受歡迎的萌娘，有御坂美琴、初音未來、SABER、春日野穹、雷姆等。

說出自己喜歡的萌角色名稱，即可重新喚起自己過去的「萌」體驗，喚起內心的一種按捺不住的喜愛之情。正如《萌娘百科》所說，萌角色不一定是女孩子，也可以是性別不明的非人類。家中女兒萌上的，不是人類，而是圓球形粉紅色生物——星之卡比，以及《Undertale》的骷髏頭SANS。兩個角色都不是人類。萌超越性別與物種，性別和物種界線甚麼的，可以用萌力將之融化掉。

由「萌」到「萌屬性」

憶起自己萌上的角色，回味她出現時為你帶來的衝擊。然後，再細看一次《萌娘百科》和《同人用語》關於「萌」的說明：

「萌」就是對某個喜歡的人物懷抱着極深的愛情時，用以表達自己情感的用語，該用語的定義仍然很複雜，但似乎是一種不伴隨勃起但到了瘋狂程度的愛情。（同人用語）

卡比，作者家屬攝於東京墨田天空樹。

粉切黑的非人類萌生物。粉切黑是特殊萌屬性，意謂粉紅色，但埋藏着深不見底的黑暗。卡比的黑暗在於其無止境的胃納，能把所有事物吃進肚子，有如黑洞。

御宅族和其他的 ACG 喜好者們把「萌」這個詞用於形容極端喜好的事物。最初，該詞通常只是對於女性而言，即用來形容可愛的年輕女性（女孩、少女等）……現在「萌」對應的性別、年齡、物種等都擴大了。除了應用於人類女性外，也可以用於形容討人喜歡的男性、甚至非人類、非生物等，而「萌」指個人因着人物的某些特徵而由內心萌生出一種像燃燒般的共鳴感覺，每個人心中都有各自的「萌」。（萌娘百科）

168

兩個說法，都把「萌」指向一種強烈的愛的感情。《同人用語》把這種感情聯繫到性慾，但又說「萌」不一定伴隨勃起，承認「萌」超越性慾。《萌娘百科》強調「萌」的多樣性和個人化特質。這些多樣性和個人化特質，即是各種不同的「萌點」或「萌屬性」。例如，魔法少女巴麻美具有「御姊」屬性，地獄少女閻魔愛具有

《地獄少女》宣傳畫報，作者攝於東京。

「無口」、「黑長直」和「大小姐」屬性，超能力女高中生御坂美琴的萌屬性是「傲嬌」，初音未來是「雙馬尾」「虛擬」「歌姬」，Saber是「女王」。星之卡比不是萌娘，也有「粉切黑」這種特殊的萌屬性。再者，萌角色往往都集合了多個「萌點」或「萌屬性」於一身。根據《萌娘百科》，雷姆的萌點多達25個。

　　由此看來，「萌」並非單一的審美經驗，而是全部ACG愛好者的各種審美經驗的集合，共通表現是強烈的喜愛感情。在「萌」之下，每個角色有自己的「萌點」，令人狂熱喜愛的原因不盡相同。例如，Hello Kitty的萌點是無口。因為無口，

她不插嘴，不辯駁，但眼在看、耳在聽，心中在判斷。因為無口，她不詐欺，令人感覺可以親愛。

「萌」包羅各種「萌屬性」，也是 ACG 業界的常識。各大 ACG 文化的百科網站，總是把各類公認的萌屬性詞條收錄齊全。日本《NICONICO 大百科（仮）》在其「萌要素・屬性的一覽」頁面中，即收錄了逾五百個萌屬性詞條。中國《萌娘百科》的「萌屬性」頁面，則收錄了逾六百頁萌屬性資料。

無論如何，「萌」容許我們自由地、狂熱地、毫無節制地愛一個對象，無須有任何合理原因，這是最棒的！

萌之愛情

如果少女文化的「可愛」對應女孩子的「母愛」原始本能，那麼御宅文化的「萌」，對應的就是「情慾」和「愛情」兩種原始本能。

「美」之所以美，因為所有人類審美，都對應某種原始本能。不過，審美並非本能的原始野蠻發洩，而是昇華，使原始本能變成人人覺得

雷姆與拉姆／陳列，作者攝於香港，Retouch 肌膚美白。

水着 LOVELIVE/ 陳列，作者攝於香港，Retouch 肌膚表現。

水着為日詞，即泳裝。由於三點式水着最能釋放少女的性感美，
而萌文化是對情慾的昇華，水着在少女動漫中頗為常見。不過，
萌不一定涉及勃起，水着並非萌的必然元素。

可喜、可接受的形式，然後表現出來。

「萌」是一種審美體驗，以「情慾」的原始感情力量發動，
但它不是情慾的原始發洩，通過故事中人與人之間的互動，造
就了情慾的昇華。

強暴異性，與愛情故事，是兩樣不同的東西。性暴力是情慾
的原始發洩，是一種罪行。在一個愛情故事之中，兩性經過多次
忍讓、爭執、理論、一起經歷難處，在互相理解中推倒對方，同
時又為身邊的人所接受和祝福，則是情慾的昇華。前者單純受動
物本能支配，人的主體意願被抑壓，為動物本能所凌駕，當中並
沒有愛。後者涉及溝通、交往、理解，也許過程有衝突，但衝突
過後必定是滿滿的相互理解，人自願抑制本能，只以彼此接受的
方式表達自己，找到了合適的表達形式之後，愛情本能即如湧泉
一樣，以更美的形式噴灑出來，讓人達至連理。

2018 年春番動畫《比翼之吻》（Darling in the FRANXX）
是個說明情慾昇華的最佳例子。《比翼之吻》講述一個未來幻
想世代。在那個時代，科技延長壽命，人類無須再繁衍後代，

性愛被強制取締,人不知性為何物。不過,世界異變,受到叫龍的威脅,只有仍擁有繁殖基因的男女一組少年少女,能以機械人將叫龍擊退。在首兩集,

鶴望蘭機艙 / 比翼之吻,作者速寫習作。

男女機師在機械人駕駛艙,宛如男女交合老漢推車的姿態,充滿性含意,在一些地區放映時一度被評為低俗。

然而,故事展開,科技剝奪兩性關係的世界愈見殘酷,科技使世界失常,少年少女在失去了生存意義的世界,重新找到男女交合、繁衍新生命的意義。如此,觀眾對情慾就有了很不一樣的體會,覺得情慾一點也不低俗。情慾變得不再低俗,超越了動物本能的層次,是因為經過故事鋪陳,在情慾之上,有着互相體貼、追尋共同生存的美好願望。到了這個階

18 禁封條,作者攝於香港。

18 禁是法律上的判斷,有沒有愛卻是美學上的判斷。在愛之判斷面前,沒有專家,也沒有權威人士,有資格做判斷,只有粉絲自己。再者,此世「愛」字被嚴重濫用,此「愛」不同彼「愛」,唯誠者察之。

段，才揭示了最初那個交合體位的情節，並不低俗。它一時被評為低俗，只因故事未充分展開。其實，情慾是否低俗或者異化，不在於情慾本身，而在於在其過程中，人的角色是甚麼。在互相體貼的互動之中，各方都是主體，情慾被昇華。但當人異化為工具，失去了自主性，情慾沒被昇華，這種情慾就不那麼美了，被評為低俗也是該當的。

戀愛的本真

日本宅男小說家本田透，對「萌」有另一種體會與演繹，啟發我們對「萌」和「戀愛」的領會。

本田透著有《電波男》、《萌男》等書，在日本御宅文化圈子和評論界，有一定影響力。本田透曾自稱喪男，又以電玩偽娘角色名字「宮小路瑞穗」自稱，主張二次元戀愛的「萌」，優於現實世界三次元的「戀愛」。他批判主流社會所鼓吹的戀愛觀，是「戀愛資本主義」。他自己身體力行，貫徹自己的主張，在現實世界迴避與女性戀愛，通過御宅想像，把戀愛遊戲《ONE ～光輝季

宅抱枕，作者藏品攝影（獲贈於某年）。

173

節》裏的女角川名美咲當成自己的「腦內妻」，再加上「腦內妹」，組成屬於自己的「腦內家族」而生活。

　　本田透在《電波男》一書中自述成長經歷。本田透，1969年出生於神戶，父親早年失蹤，自小飽受母親虐待。父母不是自由戀愛婚姻，婚後互相憎恨。小小的本田透得不到愛，吃得不好，交女朋友又不順利，考進名校，母親卻以貧困為由拒絕供讀，只能就讀普通公立中學。升上高中之後，本田透在校內受到欺凌而退學。直到母親去世，他獲得一筆遺產，才得以入讀早稻田大學。他曾經在大學先後修讀過哲學和家族社會學。

　　考慮本田透在成長期所遭遇的坎坷，我們可以理解，他何以把感情都投入在二次元世界，並身體力行，實踐他所提出的腦內戀愛。對本田透來說，現實無情，不斷對他造成傷害。強制婚姻、金錢考慮、校園暴力等等，把他的幸福都奪去。幸而，二次元戀愛遊戲的故事，給他帶來了救贖。在二次元想像世界裏，他得以自由構築真正美好的家庭關係。一個二次元戀愛 H-GAME，為他展現了比現實世界更美好的生存方式。在現實中，本田透無法獲得理想的戀愛關係，父母的婚姻一塌糊塗，無論在家庭還是學校裏，都只有傷害，但在虛構的二次元世界裏，他卻邂逅了川名美咲這位值得他投入愛情的女性人物角色！

　　「腦內戀愛」這個概念，也許讓人覺得標奇立異，但其實「腦內戀愛」素來存在，而且是多數青少年在婚前單身時期、排解感情抑壓的一種不明文實踐。這是動漫少女抱枕大賣的主

要原因。本來，不論男女，人類身體大概在 10 歲之後自然進入思春期，適合生育下一代，但現代化使人類社會發生翻天覆地的改變，其中一樣就是以教育之名，把青少年的適婚期推遲了至少十年，使幾乎所有青少年都必須經歷一個單身的青春期。這個時期，情慾特別難以排解，是最需要本能感情獲得昇華的時期。

由於日本社會對色情內容較為寬容，因此在電玩普及後不久，就已發展出戀愛體驗類型的電玩遊戲。這類遊戲按市場需求，分為 18 禁與全年齡兩類。全年齡戀愛遊戲在性愛的表現上相對含蓄自肅，18 禁戀愛遊戲直接地、沒有保留地表現性愛關係，又稱為色情遊戲、工口遊戲或 H-GAME。本田透自身實踐的腦內戀愛，就是建立在一個 18 禁戀愛遊戲所帶來的想像之上。

源氏物語（歌川広重），PUBLIC DOMAIN/LOC。

在《源氏物語》故事中，宮室中把男女隔開的屏風，宛如理性防線，但這道防線，總是擋不住公子與仕女之間的激情。

175

色情的戀愛遊戲是否含有審美元素，是一個充滿爭議的課題。其實，社會上既存在低俗的色情，也存在審美的色情，比如《紅樓夢》、《源氏物語》，都是含有色情描述，但富有審美價值的文學作品。

接下來，筆者借用一名御宅對色情遊戲的反思，進深一步討論「色情」與「萌」之間的界線。

泣 Game ？拔 Game ？

《貓箱只有一個》是一個御宅網誌，作者「ぺるん」（貝倫），其名取自同人電玩遊戲《暮蟬悲鳴時》角色古手梨花的別名。貝倫明言，他寫網誌，是為了記錄自己欣賞動漫、玩電玩所得的體驗和感情，為「所思賦與形式」，假如有人讀過自己的筆記，令思想感情「再生」（重新播放），他就感到開心。他強調，他不想讓讀者「停止思考」。他評論「色情遊戲」，並提出了一個有趣的看法，指色情要素在色情遊戲中

左上：《初音島》專題，Replicant，Spring 2004（竹書房）；
左下：《KANON》產品廣告，MEGAMI，NOV 2012（学研）；
右：《CLANNAD》廣告，NEWTYPE，DEC 2008（角川書店），
作者藏品掠影，Retouch & Setting 花飾襯托 & 光影增強。

《初音島》、《KANON》與《CLANNAD》是御宅公認之幾個經典「泣 GAME」，各種色色的想像是「腦內戀愛」和「腦內婚姻」中的一部份。在遊戲中，大家所經歷的，是應然的想像人生。

並非必要。

貝倫與本田透是同類的人，兩人均以電玩角色的名字自稱，也喜歡對自己的動漫、遊戲經驗作出反思。

貝倫把色情遊戲列為網誌主要內容，反映色情遊戲在御宅文化中有相當份量。色情遊戲體驗含有性愛情節，能使玩者直接面對自己的原始本能。

貝倫寫了一篇文章，名

18 禁電玩專欄，A-STATION，12 月號，2006（Uploadsynergy），作者藏品掠影，Retouch18 禁強調。

為《高坂桐乃明明是女孩子，為甚麼那麼喜愛「色情遊戲」?!》。這篇文章揭示了色情遊戲對御宅族來說意義何在。

其實，高坂桐乃並不是實存的女性，而是一個動漫架空人物，來自伏見司的輕小說作品《我的妹妹哪有這麼可愛！》，人物設定上，面向社會，她是優才女學生，但內裏她是一名重度女性御宅族，其主要興趣是妹系色情遊戲，換言之，她萌上「妹妹」角色。一般認為，「妹妹」是以男性為對象的萌要素，高坂桐乃的人設，反映社會普遍對御宅族存在誤解。基於種種誤解，高坂桐乃不敢公開自己的興趣，但她無法壓抑內心的感動，於是她強逼哥哥高坂京介私下傾聽她的興趣，美其名「人

177

生相談」。為了使哥哥明白妹系色情遊戲對她如何重要，高坂桐乃要求哥哥玩她所喜歡的 18 禁戀愛冒險遊戲。

貝倫嘗試代入了高坂桐乃的視點，以過來人的身份，為高坂的愛好辯解：

數着買入的色情遊戲，玩的時候展現微笑，咧嘴而笑。因角色太可愛而痛苦暈倒，不停踢腳甚麼的，只是家常便飯。她就是那樣的色色遊戲玩家——桐乃。

……沒有玩過色情遊戲的人，聽到「色情遊戲」，心裏總是浮現出色色的想法。是《癡漢電車》這樣的東西吧，又或者《讓人看內褲，那是……大宇宙的驕傲》、《變身～！變成內褲抽抽舔舔》之類。的確。這些是色情遊戲中被稱為「拔遊戲」的東西，即為了把白色液體從身體拔出來的遊戲。

但是，在色情遊戲裏，稱為「哭遊戲」、「萌遊戲」、「鬱遊戲」等細緻作品也很多。很多人認識的《ONE～光輝的季節》、《KANON》、《AIR》本來也是色情遊戲。

桐乃買入很多妹系遊戲，對那些妹妹角色說着「○○醬可愛啊～噢嘻嘻～」在轟炸之下露出令人不寒而慄的咧嘴笑容。看見那樣的她，「色情」是有的，但這不是在玩「色情遊戲」吧！玩着色色的遊戲，不是想要搞得嘎～嘎～的，只是單純想要玩有趣的作品吧，我想。……要說為甚麼，看到有趣的作品，男女之間的性別差距是沒有關係的。「色情遊戲」很有趣很快樂，所以能夠感動人，這才是高坂桐乃那麼的喜歡色情遊戲的原因吧。

為高坂桐乃辯解之後，貝倫細説色情遊戲與動畫、輕小説之間的差別，指出色情遊戲讓角色在畫面交替出現，讓人一邊聽着聲音，一邊讓心靈浸入，一邊閱讀，跟動畫與小説大有不同。

　　日式的戀愛冒險遊戲雖然多半含有色情要素，有性愛情節的表現，但文字量也極之豐富，而且要求玩者做選擇，按照玩者的選擇，讓玩者掉進多重結局中的其中一個，這些結局多為BAD END，即不幸結局，HAPPY END 即幸福結局，往往只有一至兩個。除此之外，遊戲也設有插圖收集以及隱藏愛情度之變數。想要提升戀愛對象的好感、進入性愛情節、集齊插圖、達至 HAPPY END，就必須在數不清的選項做出選擇，這些選擇往往引起無法預知的後果，可能讓對象生氣，可能讓對象傷心哭泣，也可能讓對象報復。換言之，對於玩家來説，在遊戲選項的對面，不是一個自動性愛機器人，而是能被想像為擁有生命、擁有自我意志、擁有自己的想法、擁有自己的慾望、能按自己的想法和感情行動的人物。遊戲設計者把主體性注入遊戲中的每位角色身上，營造一個玩者無法完全把握的世界，使玩者得以充份體驗人與人之間的邂逅、溝通和感情交流，並在故事中承受自己選擇所帶來的因果報應。

高坂桐乃黏土人偶，作者藏品攝影，Retouch 裏面目。

人人都是高坂桐乃

在《我的妹妹哪有這麼可愛！》動畫版第九集裏，有一幕描寫高坂桐乃因為無法成功「攻略」遊戲中的妹妹而懊惱不已。所謂「攻略」，也就是讓遊戲角色喜歡自己。一名御宅把高坂桐乃玩遊戲的多變表情反應截圖放在自己的網誌裏，並如此評價：

會對遊戲內的角色難攻略而生氣

會對走錯路線而懊惱

會對選對選項走對好事件而興奮

會對遊戲內的萌聲萌到高潮。

etc…

高坂桐乃的感情變化，反映她把遊戲角色視為擁有自我意志、慾望的人物，並因為遊戲角色的回應情緒大起大落。為了得到虛構角色的愛，她努力地推敲對象想要甚麼，想法子令她喜歡自己。雖然角色虛構，只存在於二次元，但她認為虛擬妹妹有自己的想法，並為了讓她認同自己，而認真地去找出妹妹的願望。

　　高坂桐乃作為一個虛構人物，是現實世界御宅族的影射，並獲得了御宅動漫畫受眾的認同。認同高坂桐乃是自己寫照的御宅族，有多少人呢？據知，《我的妹妹哪有這麼可愛！》小說版非常暢銷，至2013年6月為止日本銷量達到五百萬部之多。再者，這個數字僅僅是該作品小說版在日本的銷售數字而已，還未把動漫版本、小說在海外的接受情況計算在內。可想而之，不少御宅族認同高坂桐乃是自己的同類，認同她的審美感受與自己審美感受相通。

　　像高坂桐乃，在御宅眼中，他們所萌上的對象，並非無生命、無意志的機械人，他們在各自的故事世界中，都擁有自己的意志、慾望、感受和想法。這些角色，在玩者心目中是「真實」的存在。在遊戲中，玩者渴望改變遊戲角色的想法，使她喜歡自己，當角色對自己說「再見」或拒絕自己，玩者感受如同真實失戀一樣。正因為玩者無法支配自己所萌上的對象，玩者才能把對象當成自己以外的另一個人，並且萌上對方。

　　固然，電玩遊戲都有攻略指南。當玩者依賴這種指南來通關的時候，其實就是承認了自己無法支配故事結局和對象人物，

同時表示玩者願意改變自己，放棄自己的執着，來遷就對象角色和故事設定的命運。玩者為角色改變自己，是愛。

遊戲角色，明明只是虛構，何以能夠表現出如此強的個性呢？也許，我們都忘記了，戀愛遊戲故事中的各種選項與後果，背後都由遊戲製作者經過用心推敲，為他所創造的虛構角色而設定的。遊戲既出於作者，角色自然能夠繼承作者的豐富想像、個性和心意。

貝倫對色情遊戲做出了一個重要的區分。「拔遊戲」，單純以滿足性慾為目的。「泣遊戲」、「萌遊戲」、「鬱遊戲」則超越了單一滿足性慾的功利目的，玩者把對象人物視為擁有自己生命、意志、慾望、感受的另一個主體，並為她們投入滿滿的感情，時而哭泣，時而喜悅。

「萌」是御宅族的親身體驗

由 1980 年代末「萌」這個詞語誕生和流行開始，御宅族沒有停止過對「萌」的反思。「萌」是御宅族的親身體驗。體驗本為無形，難以傳達，但御宅族不滿足於停止在單單的體驗之上，他們更希望能夠把自己的體驗說出來。為此，像本田透、貝倫這樣的御宅，甚至著書、寫網誌，矢志向人說明何謂「萌」，那份對「萌」體驗反思的努力讓人致敬。

福袋 H 物・作者攝影

宅文化寬容色情,但這都是二次元世界的事。色情受到一道無形防火牆的阻隔,一般不會被搬到現實世界。

肆

百萬萌娘

萌屬性的總數，多得驚人，一個百科網站可以採用
數百個頁面來記載。前文提過，每一種萌屬性都有
其美學上特殊的超越性，而且每一種萌屬性都能刺
激起讀者的強烈感情。在本章，筆者特地選出幾種
較為經典的萌屬性，和大家一起好好探究一下。

無口

《新世紀福音戰士》綾波麗／陳列手辦・作者攝於香港

綾波麗，典型無口少女，不但無口，更是無我。

「無口」指寡言、不愛說話，即使說話，語句短，語調無起伏，不引人注目。在動漫作品中，經典無口角色通常也伴隨着「無心」、「無表情」的萌屬性，不但少說話，而且樸克臉，不愛表現情緒，又稱為「三無」。

經典動漫作品中的無口人物包括了《新世紀福音戰士》綾波麗、《緣之空》春日野穹、《CLANNAD》一之瀨琴美、《彈丸論破》霧切響子等。《高分少女》大野晶是完全無口，首兩季動畫播放，沒有半句對白。《悠哉日常大王》的越谷卓是兩位女主角的哥哥，也是一個完全無口的角色，存在感低，在故事中雖見身影，也參與主角們的活動，但卻幾乎沒有對白。

《萌娘百科》如此說明「無口」：

……作為一種萌屬性的無口，卻並非是單單的默不作聲，事實上則是一系列以「沒有需要，便不會說話」為核心的外在行為和複雜的心理活動聚合而成的性格特質的綜合體……更多時候都表現為一種反差萌，它的萌力的大爆發通常會是在無口的特性迅速降低，出現無口而不無口的瞬間……使人眼前為之一亮，迅速為其所俘虜。

不說話就沒有衝突

無口表現為寡言，寡言角色為甚麼能讓御宅萌起來，產生強烈的愛情呢？憑現實常識，是無法解釋的。經過反思，御宅認為無口「非是單單的默不作聲」，而是「沒有需要，便不會說話」，當中包含「複雜的心理活動」。

無口表現為寡言。其實寡言是青少年的普遍社會體驗。在現實社會中，大人總是以權威、地位和專家身份自居，君臨於青少年面前，對青少年提出各種意見、要求和評價。然而，大人的論述也有出錯的時候，當青少年被誤解，想要還口，為自己辯護，大人往往以滿口似是而非的道理還擊。這些時候，出於社會的道德要求，青少年為了表示尊重長輩，只能默不作聲，久而久之即形成了無口的習慣。初時，無口是為了避免與他人發生衝突。逐漸，青少年對大人失望，認為理性討論、平等交換想法是不可能的，就會選擇以無口為自己的生存策略。除了大人常以權威要求青少年服從之外，在青少年朋輩圈子中，總

左：亞妮《反逆之魯魯修》集換卡；右：蒼星石《薔薇少女》
扭蛋模型，作者藏品攝影，Setting 無口同盟。

亞妮和蒼星石，出自不同作品，同為無口。無口自我觀念貧乏，
但也因此較不易為我執所纏擾，往往能做出超常的判斷。

有一些朋友模仿大人說話的權威口吻，用以壓服身邊的朋友。
除了應付大人之外，無口也是應對這類朋輩友儕的有效社交策
略。青少年被批評，起因往往是自己某個言行受到他人注意。
通過不作聲（無口）而讓自己看起來不那麼注目，成為了青少
年避免批評的一種手法。

在無口角色身上，青少年看見了自己的身影。無口角色的
處境，正正就是自己的生存處境。《萌娘百科》指，無口人物
讓人萌上，在於反差萌的爆發，也就是無口角色突然開口說話，
不再無口，並轉為坦率勇敢地表達自己的想法。這個反差，正
是青少年受眾在無口角色身上找到的審美理想。「請說話吧！」
「你明明有自己的想法！」這些是青少年受眾的心聲。

其實，無口角色的反差萌，並不只發生在她們說話的那一

刻。隨着故事發展，當無口角色的想法循各種途徑被揭露的時候，反差萌一樣可以爆發。重點是讓受眾看到，她們雖然沉默寡言，但她們也有自己的想法。她們不說話，並不是因為她們是一塊木頭，而是她們考慮到他人的態度，自己選擇不說話。

兩種無口

《高分少女》大野晶，由始至終沒有說過半句話，幾乎無須有聲優為她配音。在故事中，她喜愛電玩，而且是高手，但她是大家族的千金小姐，家教甚嚴，萌美老師不許她偷偷外出打電玩。那麼，她的想法是怎樣被揭露的呢？導演安排同樣喜愛打電玩的男主角矢口春雄、接載她出入的司機叔叔揣摩她的內心世界，替她把心中的說話都說出來，從而形成了她的反差萌。人人都渴望自己的想法被人理解。萌上無口角色，是出於對沉默者的體貼和愛，還有對人際溝通的熱切渴望。

《悠哉日常大王》的越谷卓，是另一種性質的無口人物。越谷卓與姊妹住在鄉下，他總是追隨着姊妹而行動，但作為男孩和哥哥，他從不說話。在傳統父權社會，年長男性是一家之主。越谷卓的無口表現，其實脫離了日本人的傳統。作為男性而不說話，放棄判斷事情的權力，給與身邊的女孩子最大的自由，這成為了女性受眾在這名男角色身上找到的審美理想。

與越谷卓無口屬性相類的萌屬性，出現在男角色身上的，還有「正太」和「老好人」兩種。

絕對領域

　　「絕對領域」是服裝上的萌屬性，指女性穿着迷你裙與過膝襪時，大腿露出來的部份。《萌娘百科》解釋這個萌屬性時，劈頭先一句戲謔的警告語：「請注意本篇萌值已爆錶，請做好下列工作⋯⋯」。這些工作包括了「心靈改革」、「戴護目鏡」、「洗眼」等，以防被「萌死」。換言之，「絕對領域」是「萌屬性」的重中之重，萌度極高。其實，圈內人也心知肚明，「絕對領域」訴諸於男性凝視女性身體的慾望，自帶「男性凝視」原罪。不過，假如「絕對領域」只求獲得單方面凝視女體的本能愉悅，

裙下襪上，作者攝於香港。

前方高能，視線受不明引力牽引⋯⋯視線，停在哪兒呢？

「絕對領域」就變成單純的小黃書賣點，一點也不萌！「絕對領域」能成為萌屬性，必有乾坤！

「絕對領域」之詞源

　　「絕對領域」一詞，最早出於 1995 年的科幻動畫《新世紀福音戰士》。當時，「絕對領域」只是科幻術語，指一種名為「AT 力場」的防護罩，表示任何實體皆無法侵入。至 2001 年，「絕對領域」才第一次被用來指代女性動漫人物的身體部位。其時，一位作者在自己網誌發表新創作角色「真由良（まゆら）」，用文字表述了她的魅力：「迷你裙與過膝襪之間的空間是無敵的，說是神之絕對領域也可以吧……」。自此之後，「絕對領域」在 ACG 文化中的意思就確定下來。對於這個語源，《萌娘百科》評價「對於死肥宅而言，少女裙下露出的一截大腿根部確實是絕對不可侵犯的

英莉莉《路人女主》，作者攝於香港。

領域」。值得注意，《萌娘百科》作為宅民的代表，採用了跟腐女子一樣的敍述策略——自嘲，把受不住「絕對領域」魅力的宅民稱之為「死肥宅」，另一方面又説明了女性身體上的「絕對領域」，在御宅眼中被認為是神聖不可侵犯。

瞬時交互心理活動

對於作為凝視者一方的宅民來説，這是怎樣的一種體驗呢？首先，自己被迷住了，這是一種難以抗拒的、動物本能的感情反應。如果停在這兒，宅民如動物無異。那是為女性主義者所鄙視的「男性凝視」，是把女性當為工具的異化行為。但是，宅民對自己的這種感情反應，做出了進一步的判斷，承認在自己身上發生了動物本能反應，這種判斷超出了動物意識水平。此外，宅民又意識到女性角色有自己的想法，她能夠否定自己的凝視。宅民預期自己會被否定，為此準備了開脱的説法：「對，我們因你如此着迷，真是個死肥宅！」「我禁不住凝視，但我告訴自己，你是神聖不可侵犯的。」這就是宅民在「絕

初音未來 / 陳列，作者攝於香港。

192

迷你裙與過膝襪，PUBLIC DOMAIN/ パブリックドメインQ

對領域」一語之下閃過的全部心理活動。整個過程可以如此抽象地描述：（1）本能反應→（2）自我反思→（3）判斷對象的反應→（4）自我抑制。在這樣的心路歷程中，宅民把虛構角色當成真實人物來看待，並在內心與對象對話，這種心理活動，已經超出了單純的動物性男性凝視了。確實，動物本能是除不掉的，因為人擁有動物性的身體，才能活着。然而，人超然於動物，可以為了自己、為他人或為社會，以自己的意志抑制、延遲、調整自己的行為，因而把自己的本能昇華，變成可以被對象所接受。宅民在「絕對領域」上的經驗，並不單單由動物本能所決定，他們意識到自己和對象都擁有主體意識，因而轉化了整個體驗，使之昇華為一種審美經驗。

以上的討論，還只是討論了凝視者一方的審美經驗。那麼，處於被凝視一方的日本女高中生（動漫萌娘多是女高中生）的立場又如何呢？觀乎日本本地關於服裝演變的資料，過膝襪在女孩子之間一直受歡迎。至於裙的長度，自 1960 年代至現在，曾經歷多次標準變化，長裙在 1980 至 1990 年代一度成為不良女高中生的服裝標記，1990 年代中之後再次流行短裙。換言之，「絕對領域」所指的那種打扮，是日本年輕女性自己建構出來

的服裝文化，本來就出於她們自身的意願和喜好。「絕對領域」在日本社會裏，基本上一直作為一種和諧的、眾人皆接受的審美文化而流行着。

讀者服務被看穿了！

筆者猶記得，大概在 1980 年代，漫畫家安達充常在他的青春體育漫畫中，加插一些特別畫面，讓微風把女高中生裙子吹起，不經意地露出內褲，稱之為「讀者服務」或「殺必死」（SERVICE 音譯）。經過幾十年的發展和討論，御宅圈內對於過份刻意、無理、純粹為功利目的而賣弄的「讀者服務」有了戒心。有說法批評，單為提升銷量的賣弄，是對動畫人物「沒有愛」的表現。換言之，「讀者服務」可以存在，但受眾的品味改變了，他們厭倦了「沒有愛」的「讀者服務」，而「愛」即是把動漫中的虛構人物當成真實、有自己主觀感受的人物來看待。這反映 ACG 愛好者在動漫中所追求的，超過了動物本能的滿足。由 1980 年代的「讀者服務」發展至 2001 年起產生的「絕對領域」，並非偶然。受眾逐漸清楚意會到，「讀者服務」是出版社刻意為提升銷量而安排的畫面，只是單純地針對他們的性本能渴求，這種策略漸為受眾所嫌棄，人氣下跌。至於後來的「絕對領域」，並非出版社基於商業考慮而推出，而是由 ACG 愛好者自己建立的東西，包含着滿滿的感情（審美同情）。通過 ACG 的文化對話，日本青少年兩性之間，似乎得出這樣的不明文的共識——「凝視？既然是死宅，沒法子，但要記住，

絕對領域，不可侵犯！」

在動漫作品中，具有「絕對領域」萌屬性的角色相當多，比如《灼眼的夏娜》夏娜、《FATE 系列》遠坂凜、虛擬歌姬初音未來等。在動漫作品中，「絕對領域」總是調整着動漫故事劇中的兩性關係，它象徵了少男少女在動物性本能束縛下的掙扎、反思與對話，這種掙扎不是出於異化的兩性關係，反而是出於雙方互相理解、彼此替對方着想的兩性關係，它對青少年來說意義尤其深重。

女僕咖啡店，作者藏品攝影，Retouch 粉紅視角。

女僕咖啡店之女僕店員，服裝上多有絕對領域屬性。

兄（歐尼醬）/ 正太 / 老好人

　　兄長（哥哥）、正太和老好人三者，都是屬於男性角色的萌要素。雖然萌通常用於形容少女角色，但萌不限性別，不限物種。既然連外星生物或機器人都可以萌，男性也不例外。

　　萌多用於女性人物，原因是在當代日本社會裏，男性被賦與了過多的社會規範和責任，一般男性不能按自己意願生活，雖然女性的職業發展較男性差，但在生活上比男性自由。

男性的萌要素

　　「萌」包含了人對自由自在的生存態度、自由自在的人際關係的嚮往。可是，日本社會大多數的男人都被嚴格規範，萌男是稀有動物。萌男雖然稀有，但 ACG 愛好

《鬼滅之刃》兄妹陳列手辦，作者攝於香港。

者已發現了至少三種萌男——兄長、正太和老好人。

《萌娘百科》如此說明 ACG 文化中的「哥哥」（兄長）：

……年齡比自己大並且和自己擁有同樣親生父母的男性；這一基本含義下的哥哥又特稱為「實兄」。也有沒有血緣關係的哥哥…父母雙亡的稍年長的燃郎收養了比自己年齡稍小的孩子，後者就會認前者為哥哥；這些統稱為「義兄」。推而廣之，在平時生活中，即便沒有血緣關係，對同輩份並且較年長的男性也是可以稱呼其為「哥哥」的……擁有「哥哥」屬性的角色，多半是作品的男主角，且經常會同時擁有「父母雙亡」的屬性。

《NICONICO 大百科》有一個「お兄ちゃん」（音歐尼醬）條目。「歐尼醬」是日語中女孩子對兄長親暱的稱謂。該條目指出，兄長也可能成為萌的對象，雖然程度及不上「妹萌」，女性之間也存在着「兄萌」，很多故事設定了有血緣關連的兄長，沒有血緣和戶籍關係的鄰家男孩，也可能成為被萌上的兄長。「歐尼醬」總是溫柔地守護着妹妹。

兄長的溫柔

現實三次元世界的男性，受社會規範約束，必須嚴厲處事，不能隨意對女性表現溫柔，因此一般不具備萌的素質。可是，兄長卻是例外。第一，兄妹關係建立在孩提時期，日本父母對孩子的管教大概始於八歲前後，這意味着，在八歲前的兄妹，能夠無拘無束、自由自在地玩耍，建立出非常深厚的兄妹情。第二，日本人傳統家庭的內部權力，集中在父親一人身上，其

《反逆之魯魯修》主角兄妹，作者藏品攝影。

次是母親。兄長是父母管教的第一對象，兄長自己本身沒有約束妹妹的責任，反而被賦與了守護家庭的責任。由是，兄長保護妹妹，變得理所當然。對作為妹妹的女孩子來說，兄長的溫柔，是屬於超宇宙級別的溫柔，沒有其他男性可以比擬。

對於沒有血緣關係的義兄妹，第一條件雖然不成立，第二條件仍然成立。而且，正如《萌娘百科》所講，以兄妹關係為軸線的動漫故事，主角多設定為父母雙亡，而且比例超乎尋常。同類設定還有父母海外工作、離異、夜歸等等。這一類「父母不在家」的故事設定，意味深長。一方面，在日本社會，父母代替社會嚴厲管教孩子（八歲起）。因此，只有父母不在家，孩子、兄妹才能擺脫束縛，在家中自由自在地探索自己的人生和人際關係。另一方面，父母不在，兄妹二人失去倚靠，就得互相照顧。在這種狀態下，兄妹二人互相保護。可以這樣說，青少年在動漫兄妹關係中所找到的，是兄妹之間的天國。這個天國不保證富裕，卻保證男女主角能自由自在地互相愛護，在自由的愛之中，

兄妹往往願意為了對方而非常努力，並改掉自己很多任性的習慣。

兄妹的雙向關係

「兄萌」和「妹萌」往極端發展，有可能成為「兄控」和「妹控」。「控」字代表情意結。「兄控」主要指弟妹對兄長有情意結，「妹控」多指兄長對妹妹有情意結。「兄萌」和「妹萌」在動漫作品中往往並存，因為它們本是一種關係的兩面。單方面發生的話，就是一種不穩定的矛盾狀況，是推進劇情的強大力量。由於「兄萌」和「妹萌」兩者互為表裏，它們是一體的，它們指向相同的審美理想，就是自由的家族關係。在萌文化內，有「兄萌」的粉絲，也有「妹萌」的粉絲。這情況不同於腐女子的「BL」。「BL」是純粹女性單方面的想像，不被另一方的男性薔薇族所認同，因此腐女子低調處理自己的「BL」興趣，避免公開。「兄萌」和「妹萌」則可以在 ACG 文化圈子內公開地講論，無須低調。

《我的妹妹哪有這麼可愛！》、《情色漫畫老師》、《魔法高校劣等生》和《反逆之魯魯修》等，都是以兄妹關係為故事主軸的經典動漫作品。前兩者描寫現實家庭兄妹，講哥哥扶持和保護妹妹的故事。後兩者以大家族和皇族為故事舞台，講述兄長如何在權力鬥爭中保護妹妹。在《反逆之魯魯修》故事中，兄長魯魯修和妹妹娜娜莉小時候被帝國送到敵陣中當政治

人質，哥哥背負着雙目失明、不良於行的妹妹徒步走上長長的梯級，那一幕所表現的兄長愛令人難忘。故事到了後半段，兄長愛延伸至弟弟，創造了一個願為兄長赴死的弟弟角色，反映兄長愛超越性別，不限於妹妹，對弟弟同樣重要。

兄妹的故事，來到華人社會的受眾群之中，往往一樣的受用，只是故事多換成武俠、仙俠、現代華人社會背景。如果是武俠或仙俠，兄妹關係一般轉為師兄妹關係，例如《笑傲江湖》、《從前有座靈劍山》等，就有相當豐富的師兄妹關係情節。

尋找理想的男性

兄長的萌，象徵着女性對理想男性的渴求。理想男性能與自己溝通、互相保護、時而爭執、時而和解，把自己當一個人來認真看待。可是，這樣的男性在現實中十分稀少。兄長在 ACG 文化中成為了理想男性模範。對女性來說，另一種理想男性，是正太。正太是未長大的男孩，未長大的男孩還未沾染大人的無情，

正太大集合 / 日本少年漫畫紀念郵票（已蓋章），作者藏品攝影。

因此在女性眼中是無瑕的存在，而且他們年紀小，需要保護，最能觸動女孩子的母性。名偵探柯南和蠟筆小新，就是例子。

老好人總是來自平行世界

除了兄長和正太之外，《萌娘百科》亦收錄了「老好人」作為一種萌屬性。老好人有求必應，富同情心，不管對錯，甚麼事都願為他人去做，主動幫助人。日本 ACG 並沒有特別把「老好人」當作萌要素來討論，但卻有「一級插旗建築士」、「正義味方」、「自我犧牲」等說法，與「老好人」意思接近。

《反逆之魯魯修》老好人朱雀，作者藏品攝影。

所謂「一級插旗建築士」，即是隨故事發展，不知不覺與所有人物拉上關係的角色。老好人插旗士，往往能使所有人變成友好，連敵人也不例外。至於「正義味方」，也就是正義的朋友，總是為了正義而主動出手助人、拯救世界，甚至不惜「自我犧牲」。「老好人」不限男女，但一般以男角為多，多為主角。典型「老好人」例子包括《刀劍神域》的桐谷和人、《FATE系列》的衛宮父子、《反逆之魯魯修》的樞木朱雀、《魔法禁書目錄》的上条當麻、《約會大作戰》的五河士道等等。通常，老好人角色作為理想男性，多出現在科幻、奇幻、亂世等等的

平行世界。原因很簡單，在現實日本社會，男人都被賦與了指定社會責任，不方便溫柔待人，但走進另一個平行世界，現實的遊戲規則都被更改掉，在亂世更不用説，禮崩樂壞，秩序崩潰，也沒有甚麼必守的規範了。從此，男人終於被釋放，可以憑己意自由行善。這不是説，現實社會不許人行善，而是説，現實社會要求人按照指定方式行善，如此行善，形式上是僵化的，又是不由自主的，因此並不自由，也沒有愛。只有走進異世界，「老好人」才得以自主行善。所以説，「老好人」多產於異世界。

傲嬌

《新世紀福音戰士》惣流明日香之傲嬌，左：作者藏品攝影/右：作者攝於香港。

我才不是為了你！

「笨蛋，我才不是為了你而寫這本書呢～」

「千萬別誤會，我是沒有辦法才陪你到這裏來～」

「難得來到這兒，順便幫幫你吧～」

「我出手幫你，因為我要親手打倒你～」

所謂傲嬌，大概就是這種感覺。在數不清那麼多的「萌屬性」之中，論萌值，相信「傲嬌」與「絕對領域」並列十大。如同「絕對領域」那樣，《萌娘百科》「傲嬌」頁劈頭又來一句「萌值爆錶」警告！

203

《青春紀行》加賀香子之傲嬌，
作者藏品攝影。

《萌娘百科》如此寫「傲嬌」：

表面上對陌生人／喜歡的人很冷淡或趾高氣昂，即展現出「傲」的一面，而一旦關係突破某一好感度／恥度界限後，或者遭遇某種契機（特殊事件）的時候，就會突然變得害羞、嬌俏可人，即表現出「嬌」的一面……大部份傲嬌們心地善良，樂於助人，但他們一般不善於表達內心的想法，想要幫助別人，卻又不肯承認，於是一邊強氣的說着高傲的話，一邊又做着和所說的完全不同的事情。

《同人用語》說，粉絲迷上「傲嬌」那種「時而冷淡刻薄，時而羞答答」的反差萌，並熱切討論「傲」和「嬌」之間是否有最佳黃金比。多數人認為，最佳比率是「九分傲，一分嬌」，最低限度是六四比，因為如果「傲」比例太少，就不再是「傲嬌」了。

傲嬌的類型

《NICONICO 大百科》指「傲嬌」一詞曾在 2006 年被提名流行語大賞，同年被收錄在集英社的年度《IMIDAS》，反映「傲嬌」一詞在當時已相當流行。按照《NICONICO》的分析，「傲嬌」有四大類別：

1. **無法坦率**

   明明喜歡對方，想表現嬌羞，卻不知怎的在喜歡的人面前表現出冷淡刻薄；

2. **因人而異**

   對周圍一般人表現高冷，在特定的人面前被人發現嬌羞的一面；

3. **情愫漸生**

   初時態度高冷，但與對方相處多了，開始在意對方，漸漸變得嬌羞；

4. **純反差萌**

   平時說話嚴厲，偶然表現溫柔。

《PIXIV 百科事典》甚至把「傲嬌」區分了等級：

1 級 嬌的時候很易被發現，是為雛形；

2 級 嬌的時候表現生氣，時而失控發怒；

3 級 嬌的時候表現平常，細心看可發現正在嬌羞；

4 級 嬌的時候基本上仍保持傲的狀態，會以高傲語氣來讚揚，又有點微笑，難於識別；

《魔法禁書目錄 III》卡牌，作者藏品掠影。

傲嬌與角色地位密切相關，戰力愈強的少女，愈是容易有傲嬌屬性。

5 級 表情具有堪稱鐵壁的防禦力，除了領會話中深意之外，沒有其他方法判斷其嬌羞反應。

「傲嬌」一語，一般認為源於 2001 年一位網友對戀愛遊戲《願此刻永恆》女角大空寺亞由的評語，當時一位網友把大空寺亞由的性格形容為「傲傲的嬌嬌的」，後來就被縮略使用，變成「傲嬌」一詞，並流行起來。跟「絕對領域」一樣，「傲嬌」是在互聯網普及之後才產生的流行語。大概在 1990 年代至 2000 年代，網絡產生御宅族，然後御宅族決定了動漫的審美標準，這些萌屬性詞語的起源和普及，就是證據。

晴雯黃蓉皆傲嬌

「傲嬌」一詞雖起源於 2001 年，其實 1960 年代手塚治虫漫畫《藍寶石王子》內已出現傲嬌角色，常常幫助女主角，但總是不肯承認。另外，《NICONICO》提及一種「傲嬌」，特徵是起初高傲，慢慢在意對方，最終變成嬌羞，這類型的角色，在華人愛讀的武俠與愛情小說中，其實常常出現，即所謂「漸漸情愫暗生」，比如《紅樓夢》晴雯、《射鵰英雄傳》黃蓉、《神鵰俠侶》陸無雙，都明顯具有這種傲嬌屬性。換言之，「傲嬌」本來就有其審美上的原型。

傲為束縛

那麼,「傲嬌」具有何種審美超越性呢?答案:超越「傲」而達致「嬌」。《萌娘百科》指出,「傲嬌」角色常兼有大小姐、金髮、紅髮等屬性。這些特徵,全都有意思。大小姐即大家族千金小姐,金髮、紅髮或端莊黑髮,暗示角色有大家族背景或一定的社會地位。換言之,「傲嬌」少女出於顯赫地位、階級,完全是因社會規範而被逼對人表現高冷,也無法自由地對人表達好意。此外,曾被異性欺騙的女性,也會採用高冷態度待人接物,與人保持距離,保護自己不再受人傷害。無論出於哪個原因,表現「傲」都是出於現實考慮,是一種生存策略,是被逼的,是權宜之計,「嬌」才是角色的終極願望,她熱切地想與人自由建立友誼。由「傲」過渡至「嬌」,剛好就是一個由現實束縛過渡至自由交往的歷程,跨越了三次元世界與二次元理想之間的鴻溝。

二次元世界「傲嬌」角色十分之多,最具人氣的傲嬌角色,包括《超電磁砲》女主角御坂美琴,她來自名校,又是精英中的精英,在校內受到晚輩和同學的尊敬,地位過高,使她無法不表現為「傲」,但正因為「傲」是被逼的,「嬌」自然流露時就特別容易使人着迷,把粉絲萌倒。另外,聲優釘宮理惠配音的角色多為「傲嬌」,例如灼眼之夏娜、逢坂大河、緋彈亞里亞等等,這使她成為了「傲嬌」大王,在 ACG 文化圈內誘發出所謂的「釘宮病」。患上釘宮病的人,聽不到釘宮的聲音就不舒服。

嬌才是理想

最典型「傲嬌」故事也許要算是《輝夜大小姐想讓我告白～天才們的戀愛頭腦戰～》。女主角四宮輝夜，受到自己的大家族千金身份束縛，被逼表現為「傲」，男主角白銀御行也因為其天才學生的身份，使他不能示弱，這就造成兩人雖然互相喜歡，但兩人都無法向對方自然示好的僵局，是「傲」對「傲」的格局。故事主題點明，誰先表白，誰就落敗。從這故事看來，「傲嬌」屬性不限於女性，也適用於男性。而且，非人類也可以「傲嬌」。在《關於我轉生變成史萊姆這檔事》中，一條傳說中強大又長壽的龍，被描寫成「傲嬌龍」，「傲嬌龍」長年被封印在無限牢獄之中，非常寂寞。「傲嬌龍」遇見主角史萊姆，有了說話對手，內心欣喜，卻又因為自身的強大地位被逼裝成高冷。最終，龍突破了自己的「傲」，表現出「嬌」，終於成功與史萊姆結為摯友。

「傲嬌」角色深受歡迎，並非無因。現實的上流社會地位，看來顯赫，實際上如牢籠一樣束縛着人，使人無法自由地與人交往，也不能隨意向人示好。「傲嬌」少女們與一切「傲嬌」人物，無論男女或異世界生物，都比一般人勇敢和幸福，因為她們全部都能突破「傲」的強大封印，達至「嬌」的理想彼岸。這是一般人在三次元世界中難以做到的。

病嬌、暴走與黑化

《新世紀福音戰士》初號機，作者攝於香港，Retouch 暴走。

「無口」、「絕對領域」、「兄萌」、「正太控」、「老好人」、「傲嬌」等等，是比較大眾化、肯定性的萌屬性，適合喜劇作品，但正如古典藝術有喜劇，也有悲劇，在萌文化之內，也有傾向於悲劇性質的否定性萌屬性。「病嬌」、「暴走」和「黑化」，就屬於這一類。肯定性的萌屬性，比較大眾化、可以面向全年齡觀眾，但悲劇式萌屬性，視乎其表現程度，有的大眾可以接受，也有的過度致鬱，不是人人適合，其作品須限制流通。

觸發審查限制的萌屬性

在日本，有映畫倫理委員會（簡稱映倫）、CERO 等機構為作品進行內容評級。以映倫為例，影片分為四級，G 為普遍級，PG12 為保護級、R15+ 為限制級、R18+ 為成人級，標籤內的數字為年齡標籤，如 PG12 即建議未滿 12 歲青少年或兒童不宜收看。映倫規範電視，CERO 規範電玩，日本電視台和出版社則按照行業各自的自律審查標準處理。一般來說，電視台在黃金時間播放大眾化作品，午夜時段播放限制級作品。出版社則在尺度敏感的出版物包裝上，加上識別標籤。

視乎表現方式，「病嬌」、「暴走」和「黑化」有可能劃入全年齡級別，也可能入成人級別，即只適合心智較成熟之成人收看。舉例說，《收穫星的小子們》女主角阿琳喜歡諸星當，阿當花心，阿琳即施以電擊，但作品以喜劇動畫形式表現，諸星當受到電擊不會受傷，很快回復正常，適合全年齡觀眾，因此在 1980 年代，它被編在富士電視台週三晚上 7:30 的黃金時段放映。《未來日記》女主角我妻由乃，有嚴重的病嬌屬性，電玩版推出過 CERO 全年齡版本和 12 歲以上對象限制版。戀愛遊戲《School Days》，因為在其 20 個結局中，有三個 Bad End 含有過激、極端的病嬌、黑化暴力表現，成為最具話題性和爭議性的 18+ 遊戲。曾為日本創出 400 億日圓經濟收益的《魔法少女小圓》，由於部份內容致鬱，有領便當（中途死去）、黑化和暴走情節，雖然結局溫馨感人，但在初放送時，電視台仍安排於深夜時段放映。《魔法少女小圓》的例子反映，高濃

度悲劇式萌屬性含有巨大萌力。

失控之萌

《萌娘百科》如此寫「病嬌」：

有部份人會因為望文生義而誤解病嬌的含義，但病嬌並不
是「體弱多病的弱嬌」（病弱）的意思。

……（病嬌）指那些對
愛人持有好感處於嬌羞的狀
態下產生精神疾病的患者所
表現出來的性格特徵……病
嬌這種性格特徵的人物通常
會對某一現象產生常人無法
理解與認同的強大情緒、執
念，並以此為動力做出過
激的示愛、排他、自殘、
傷害他人甚至捨棄自己等
極端行為，且通常會造成
悲劇性後果……在女主角
因為主角懦弱的行為所產
生的痛苦造成心理因素的
痛苦時，只要壓力源消失
就能解除病嬌的狀態。

黑化 SABER 人形，作者攝於香港同人活動。

《萌娘百科》又如此寫「黑化」：

所謂的黑化，動漫的男女主角因為某些驚嚇或者是精神受到刺激後陷入了恐怖的癲狂狀態的簡稱。黑化者視一切為障礙會引發一系列血腥的衝動……平常看上去像優等生，隨着故事的進行出現精神上崩壞的女性角色，有時也稱作黑化、壞掉。

不過，黑化不一定由驚嚇或精神刺激引起。在《Fate/stay night》的其中一條故事路線裏，女主角 Saber 受詛咒而黑化，此後變得冷酷，成為敵人。

至於「暴走」，ACG 圈內較少視之為萌屬性，它來源於日本飛車黨的稱呼——暴走族，專指不守交通規則的駕駛。不過，「黑化」人物經常「暴走」。「暴走」場面在動漫作品中十分

《約會大作戰》精靈降臨／動畫主題咖啡店，作者攝於香港。

在《約會大作戰》故事中，精靈本來就很容易暴走，需要男主角約會她們，使她們穩定下來。

常見，給ACG愛好者留下深刻印象。在動畫史上，最經典的「暴走」場面相信是《新世紀福音戰士》碇真嗣所駕駛的生物型機器人初號機失控暴走。此外，按照《NICONICO》的用例，電腦失控、失控亂說話、腐女子控制不了自己的 BL 妄想，也稱暴走。

「病嬌」、「暴走」和「黑化」儘管不完全相同，但總的來說，這三種萌屬性的共通特徵就是「脫離理性控制」。只是，「病嬌」多涉及愛情，例如因所愛之人花心、對自己過份殘忍而失控。「黑化」和「暴走」則不一定與愛情有關。

悲劇價值

為甚麼「脫離理性控制」可以引起萌的愛情反應？三次元的現實世界，是由父權、理性、制度所主宰的世界，其特徵是束縛，通過理性約束，它建立了某種社會秩序，而二次元世界是虛構世界，是以想像超越現實理性約束的世界，因為它是虛構的，在它裏面，即使脫離了理性約束，也不會衝擊現實世界的秩序。三次元世界的束縛，雖然建立了現實社會所需的秩序，但它也構成壓力，限制了人的個性和自由。可以想像，人是一個壓力鍋，每個壓力鍋都有它可承受的壓力上限。當理性約束為個人帶來過大的壓力，無法舒解的時候，失控是必然的。動漫中的「病嬌」、「暴走」和「黑化」人物，其實就是觀眾自己的寫照。忍受着生活壓力的時候，任何人都免不了想像自己失控，會變成何等模樣——我會暴走嗎？我會黑化嗎？動漫中

「病嬌」、「暴走」和「黑化」角色的際遇，為我們揭示了理性約束過大時可能產生的悲劇結局。正如希臘悲劇使人流淚、慨嘆、惋惜，達到淨化人心的功效，使人哀嘆「生存不應該如此」，「病嬌」、「暴走」和「黑化」同樣令人惋惜，使人哀嘆「生存不應該如此」，誘發人思考更理想的生存方式，避免悲劇的重演。

傷心反應

2015 年，筆者接觸到一個典型的黑化恐怖類手機遊戲，名為《狂氣的 Psychopass 育成》。遊戲有 17+ 的警示標籤，據知現已停止更新和配信。該遊戲表現極端，講述一名女高中生，面對嘮叨的老師與嘲笑她的同學，感覺不舒服，認為這是噪音，結果為了消除噪音，少女選擇把發出「噪音」的人都捅了。

筆者考察了多名玩者的留言評價。出乎意料，留言多強調自己的感情反應，較少強調恐怖、獵奇（血腥／殘酷）。以下是例子：

- 「歌聽起來好傷心」
- 「聲音美，人物很可愛」
- 「歌和畫風都很棒」
- 「我愈聽愈想哭 嗚嗚」
- 「愈大愈可愛！而且歌好好聽哦」
- 「萌萌噠，但有虐心成份」
- 「病嬌蘿莉」

214

下載這個遊戲後，由於捅人行為過不了自己內心一關，筆者很快就把遊戲移除了。不過，其他玩者的反應不容忽視。當時我這樣想，能夠接受這種遊戲的人，相信內心有一個防火牆，認為現實不等於虛擬，所以沒問題。我問自己，為甚麼如此恐怖的遊戲，會讓人內心產生出「傷心」、「美」、「萌」、「可愛」等等的審美反應？很明顯，這樣的故事，與遊樂場的萬聖節活動和鬼屋是很不同的東西。走進鬼屋只是狂叫而已，不會讓人覺得「傷心」、「美」、「萌」和「可愛」。

　　其實，西方電玩也有不少以戰爭和驚慄為主題、讓人不停開槍和砍人的遊戲，例如砍魔物、敵軍、敵將、喪屍。但是，這些遊戲設定跟病嬌遊戲不同，戰爭砍人，為的是某種理性上的正義或經濟上的利益，喪屍設定是非人類，讓人砍起來不覺得有罪咎感。實在，這些遊戲的操作與病嬌遊戲是一致的。病嬌的特質在於非理性，砍人不是為了獲取或維護利益，也不是為了某個道德價值，它承認人的非理性、病態，揭示了理性社會有束縛過度，令人難受的一面。面對社會上「合理」的「不合理」要求，病嬌象徵反抗，但反抗也帶來悲傷，玩者心裏明白，如此

病嬌醬 Cosplay，作者攝於廈門。

反抗的人不會被社會接受，將要被視為異類，失去了身為正常人的資格，因此它讓玩家感到「傷心」。「傷心」是悲劇所帶出的典型審美反應，背後隱含的信息是「世界不應如此，只是我不知道可以怎樣」。

Bad End 與 Happy End

在這個遊戲裏，病嬌少女不是為了錢、權力和主張而行動，而是求取她一直無法獲得的安靜。據知，其中一個 Bad End 是少女像梵高一樣割下自己的耳朵。因此，她的行動並不是功利的，如果是功利的，就不可能迎接自殘的悲劇結局。自殘或犧牲，是悲劇回應理性矛盾的常見方式。既然他人發出聲音是必然的，我受不了噪音也是必然的，要消去這兩個必然之間的矛盾，就只能犧牲些甚麼。沒有了耳朵，不能再聽見，不就可以把矛盾化解了嗎？

極端的「病嬌」終究是「病」，這是合符理性的判斷，正因為極端，才會演變為悲劇。不過，悲劇式的故事也讓人領悟，「不理會他人死活」的非理性是病，「不理會他人死活」的過度理性同樣是病。有批評家這樣說過，當社會過度強調工具理性，人與人之間溝通只求達到功利目的，不再相互理解，人的生活世界就無法再生，引致異化、迷亂、身份認同失效、精神病等社會問題。

「病嬌」之病，在於缺乏人性交流與認同。如果有續集，

我希望「病嬌」角色可以通過人性的溝通、對話、相互理解而脫離 Bad End，讓悲劇化為溫情，迎向如此的 Happy End：在少女面前老師和同學把她當成一個人來看待，噪音化為甜蜜的言語和音樂，少女展現出笑容，無須捅人，無須自殘，自然而然融入群體，因人際間的會心交談而取得心中的平靜。

黑長直／雙馬尾

不止是裝飾性符號

　　「黑長直」和「雙馬尾」，是 ACG 被討論最多的兩種女孩子髮型，而且都是公認的萌屬性。「黑長直」是指直垂過肩的黑髮，雙馬尾是把頭髮分為兩半，往左右兩邊梳過去，左一束右一束紮起，形成兩束馬尾狀的髮型。

《我的妹妹不可能這樣可愛》黑貓與大正時代迷你道具，作者藏品攝影。

黑長直，是古典、優雅的女性象徵，不可輕慢褻瀆。

無口、傲嬌、病嬌、老好人等萌屬性，是就角色性格和精神狀態而言的萌屬性，兄妹是就家族關係而言的萌屬性。這些屬性的審美價值相對明確。然而，黑長直和雙馬尾是女性外表上的特徵而已，而且像時裝一樣有各自的流行週期。它們也不像絕對領域那樣，與異性的情慾反應密切相關。換言之，這兩種萌屬性表面看來僅僅是裝飾性的點綴。

　　不過，萌絕非巧合。ACG 文化是經過至少半個世紀發展而來的文化，一路走來，繼承它的實踐者和粉絲已有好幾代，而且跨進互聯網時代之後，它的愛好者每天都在議論着、品評着作品的價值，從沒停止。它今日所形成的一切，必然是幾代人的共同選擇。《NICONICO 大百科》列出了黑長髮動漫角色合 412 名（含男角色），雙馬尾角色合 253 名，而且還未窮盡。一般人說不出這兩種髮型因何而萌，因為審美並非理性語言可以說明。

燈子只要像燈子就好了！

　　在 ACG 作品之中，有一句常見的對白，也是一句最溫暖窩心的對白——「○○只要像○○就好了！」「○○」可以替換成任何故事人物的名字。

　　在《終將成為妳》故事裏，女主角七海燈子是一名典型的黑長直女高中學生會會長。把「○○」換成燈子，整句句子就變成「燈子只要像燈子就好了！」

《終將成為妳》漫畫第三冊（仲谷鳰 / 台灣角川 2017），作者藏品掠影，Retouch & Setting 速遞百合。

《終將成為妳》延續了自《聖母在上》開始就有的日本女子學校學生會故事設定，溫婉能幹的學生會會長，必定是一名表現成熟的黑長直少女。

這句話非常治癒，因為它賦與了對方最大的自由，免除對方所有現實束縛。在故事中，燈子本人並不認為「燈子只要像燈子就好了！」，反而受到「我只要像姊姊就好了！」這個想法所約束。她的人生受到姊姊的影子所束縛，並不自由。她逼迫自己，以去世姊姊作為模範而做一個完美的學生會會長，不許自己按自己意思而生存。

原來，七海燈子的姊姊因交通意外去世，在葬禮上，周遭的人囑咐她連同姐姐的份兒活下去，令她一直執着地模仿姊姊。

《終將成為妳》劇情之讀者反應（微博，2019-06-26），Retouch 意見彈幕。

黑長直是規範，百合是釋放與救贖，這是讀者從《終將成為妳》故事中感受到「甜」的原理。

因為姊姊當時是學生會會長，品學兼優，因此她也以此為目的，努力當上了學生會會長，不許自己在人前丟臉。模仿姊姊是燈子的唯一生存目的，但這種生存方式非常吃力，為了疏解壓力，她向一位學妹告白了。只有在學妹小侑面前，她才會表現自己軟弱的一面，經常向小侑撒嬌。小侑接受了燈子，容許她盡情撒嬌，在自己懷中享受「燈子即是燈子」的時光。這個故事之萌點，起點是「黑長直」所象徵的規範。作為學生會會長，最佳的打扮自然是充滿和風、端莊優雅、為所有學妹欣羨的黑長直水手服裝扮。不過，「黑長直」只是起點，是約束，是為了凸顯萌爆發的超越力量而有。在最大的現實約束之下，實現最大限度的超越性自由，才是「黑長直」作為 ACG 文化萌屬性的力量所在。如果故事停留在「黑長直」所象徵的規範，「黑

長直」將帶來悲劇，讓人感受「生存不應該如此」，並憧憬一種解放的生存方式。不過，作為百合代表作的《終將成為妳》，為燈子預備了一位自願為她着想的學妹，使燈子得以超越「黑長直」的束縛，達到片刻百合式的自由，就在故事中消解了「黑長直」的悲劇性。除了《終將成為妳》之外，《魔法少女小圓》也是一個同類的典型「黑長直」百合故事。「黑長直」的曉美炎認真面對魔法少女的詛咒，但沒有同伴能夠理解，只能獨自作戰，「黑長直」象徵了她的束縛。最終，粉紅色的女主角小圓為她把「黑長直」的束縛完全消去，以百合之愛實現了「黑長直」咒詛的解放。

歷史上的黑長直

《PIXIV 百科事典》把「黑長直」髮型連繫上日本平安—室町時代成人女性的髮型，指出那時候日本成人女性基本上都讓長髮垂下，又指「黑長直」

等身大動漫人偶，作者攝於東京秋葉原。

左方為巫女人偶，黑長直。

髮型給人和風美人和大和撫子的感覺。《NICONICO 大百科》直指黑色直髮是日本人天生的特質，是繼承自古代的萌要素，讓黑色直髮不加修飾自然留長，給人「素之素材」之感覺。又提到，日本語「神」與「髮」的讀音相同（Kami），古來日本人就有頭髮寄宿着魔力的觀念。「可以的話盡量讓頭髮長得長

長的，可以的話讓頭髮盡量地保持烏黑」，基於這樣的觀念，侍奉神明的巫女的最適髮型，就被認為是黑長直了。無論是和風美人、大和撫子，還是巫女，「黑長直」都成為了一種給女性身份定型的標記，既美麗，又帶有束縛性。外人覺得該名女性是柔和順從的，但從該名女性角度出發，她自己的人生是屬於他人的，不屬於自己，因而不是自由的。父權世界男人求於「黑長直」的，是「女性順從」。

在 ACG 文化世界內，自然也有人迷倒於「黑長直」的這個意義——「女性順從」，但讓更多 ACG 愛好者跪倒的，並不是這一重意義，而是另一重的超越性意義——代入「黑長直」的主觀世界之中，在萌爆發情節中與對象角色一同超越「女性順從」規範，一起獲得自由和幸福。

《吉野山夜半月 伊賀局》（月岡芳年 1886），PUBLIC DOMAIN/LOC

畫中黑長直女子，典型日本巫女之姿。

《侍魂》娜可露露，作者藏品攝影。

格鬥電玩遊戲中的阿伊奴族黑長直女戰士

223

雙馬尾就是自由快樂

至於「雙馬尾」，在日本 ACG 文化內流傳一個梗，說「雙馬尾」是《超人奧特曼》系列（鹹蛋超人）其中一隻怪獸，碰巧該怪獸因其頭上長有兩條尾而被稱為「雙馬尾」。《PIXIV百科事典》指出，「雙馬尾」一般被認為比起「馬尾」更適合年幼的女孩。《NICONICO 大百科》指出，「雙馬尾」髮型源於歐美，在早期動漫作品中作為幼年女孩的髮型而定型，至《美少女戰士 SAILOR MOON》成為了女主角月野兔的髮型，給人很大的衝擊。同期，安室內美惠等偶象梳「雙馬尾」髮型進行表演，使「雙馬尾」成為了日本女孩流行服裝文化的一部份。一方面，日本文化研究鉅著《菊與刀》提出，兒童期是典型日本人所能擁有最自由的黃金歲月，「雙馬尾」既是年幼女

《魔法老師》神樂坂明日菜之盒蛋人偶，作者藏品攝影，Setting 擁抱幸福的雙馬尾。

孩的專屬髮型，它就成為了自由自在的象徵。另一方面，「雙馬尾」也與歐美文化連上關係，象徵免除傳統日本文化的規範。美少女戰士月野兔兼有「雙馬尾」和「金髮」，這方面的象徵就更強了。總的來說，「雙馬尾」位於「黑長直」的正對面。「黑長直」偏向象徵悲劇式的束縛，超越性在於突破束縛，進入自由。「雙馬尾」剛好相反，它是肯定性的萌屬性，象徵像兒童一樣的自由自在，是 ACG 愛好者的憧憬。

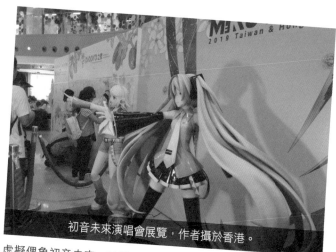

初音未來演唱會展覽，作者攝於香港。

虛擬偶象初音未來，以其綠色「雙馬尾」髮型加上「絕對領域」君臨 ACG 樂壇。

水手服 / 女僕裝 / 哥德蘿莉

世界征服

　　「水手服」特徵是衣領寬大，延伸至後背。19世紀英國海軍採用了這種設計作為水兵服裝，據說為了方便水兵掉進水裏容易脫下，游泳逃生。後來，由於英皇愛德華七世小時候穿水手服的樣子太可愛，讓水手服在歐洲貴族之間流行起來，成為童裝，輾轉

《美少女戰士》玩具陳列，作者攝於香港。

從《美少女戰士》的全球風潮看來，説水手服征服了世界，確實難以反駁。

在明治年間，因日本人仿效西方辦學而傳入日本，成為學校女生的主要校服款式。把水手服作為女學生制服，大概是日本人獨有的做法。及至 1990 年代，武內直子創作《美少女戰士 SAILOR MOON》，女主角們的水手制服再度衝擊了全世界，

《美少女戰士》水手服裝飾，作者攝於東京渋谷。

讓世人再一次感受到了水手服之可愛魅力。

在日本，因為諧音關係，有這樣的一個梗：

「地球にセーラー服を着せた」

と解く　その心は

「世界制服（世界征服）」

なーんちゃって

～單曲《日本笑顏百景》，2012

大意是——「讓地球穿上水手服」，就是「世界制服（世界征服）」。

《日本笑顏百景》是混入了落語（日本傳統笑話表演）元素的歌曲。在這首歌曲的落語部份，「水手服」（SE-RA-FUKU）音近「世界制服」（SEKAISEIFUKU），即世界校服，又與「世界征服」（SEKAISEIFUKU）同音。換言之，這是個關於水手服全球化，然後又把日本女生校服全球化當成

征服世界的妄想，最重要還是最後一句，「說笑而已」。不過，雖說這只是一個梗，日本女高中生水手制服，在全球 ACG 文化界確實造成了很大的影響。在世界各地舉辦的大型動漫活動，總有人 COSPLAY 穿上日本女生水手服在場內巡遊。筆者見過最誇張的一張水手服 COSPLAY 照片，是一名法國中年男性胖子粉絲把自己扮成水手服戰士。

來自西洋

「水手服」、「女僕裝」和「哥德蘿莉」皆是萌文化內以服裝為記號的熱門萌屬性。無獨有偶，這三種服裝，都有一個共通處，就是來自西洋。日本人是在甚麼時候全面接觸歐洲這些服裝元素呢？答

女高中生水手制服，作者攝於東京秋葉原。

水手服，PUBLIC DOMAIN/ パブリックドメインＱ。

案就是明治維新時代。自 1871 年起，日本就派出了很多本國精英到歐美國家進行考察訪問，然後把很多西方世界的事物、概念帶回日本。在那些精英中，就包括了隨岩倉使節團出發、回到日本後積極推動女子教育的津田梅子女士（預定 2024 年成為 5,000 日圓鈔票人物）。

　　明治—大正年間的女學生，把各種各樣西洋事物、語言概念作為意象，放入自己的文字中，建立了少女文學，也把自己建構成為少女，形成了川村邦光所講的少女共同體。當時的日本年輕女性，因為西化政策得以在女子高中唸書，但她們意會到自己時日無多，一旦畢業就要告別作為少女的女子高中生生活，然後步入看不見盡頭的良妻賢母生涯。良妻賢母對當時的女子來說是絕對的束縛，這種束縛由日本傳統父權制度所規定。由是，日本傳統的一切都成為了束縛的象徵。相對地，福澤諭

古典西洋服裝娃娃，作者攝於香港同人活動。

吉這一類開明派知識分子從西方帶來了自由家庭的觀念，讓女孩子們滿心憧憬。由是，西洋世界的一切就成為了超越束縛的象徵，西方元素大量用於當時的少女文學之內。今日，我們在 ACG 文化內再次看到西洋服裝款式成為強大的萌要素，就知道 ACG 文化完全繼承了明治—大正少女文學的精神遺產。無論是「水手服」、「女僕裝」還是「哥德蘿莉」，它們所象徵的都是擺脫傳統的那一份自由渴望。

「水手服」是女學生制服，直接地繼承了明治—大正女學生的全部超越精神，因此百合故事總是少不了水手服。「水手服」標記了少女的學生身份，告訴世人這名女學生仍未畢業，仍受學校的保護，還不適合被男人「享用」。

兩種主人

「女僕裝」則是另一種擺脫傳統女性命運身份的幻想。在筆者得知日本少女明治時代的故事之前，筆者不明白為何「女僕」如此受歡迎。明明「女僕裝」象徵僕役級的服務職

手辦店廣告，作者攝於東京秋葉原。

女僕娃娃，與廣告中的江戶婦人形成強烈對比。哪邊的女兒比較自由、愉快？

業，地位接近奴隸。女僕咖啡店的女僕裝服務生，還得按規則對每位客人說：「主人，歡迎你回來～」。然而，深入了解日本傳統式「良妻賢母」的含義之後，想法就改變了。對比起「良妻賢母」，同樣是服務他人，「女僕」無須 24 小時受命於家中稱為丈夫的那一位旦那大人，沒有為旦那大人生孩子的責任，有更合理的工作休息時間，有更合理的服務範圍，而且客人並非只有一位。「主人」容易取悅，家中的旦那大人很難取悅。「主人」們最橫蠻的刁難，都及不上家中那位旦那大人的刁難。而且，在店子裏，總有懂得體貼女僕的「主人」，也有懂得體貼自己的同儕如「店長」、「執事」和「女僕」姊妹。簡言之，在傳統日本家制度，

女僕咖啡店宣傳，作者攝於東京秋葉原。

上：《艾瑪 維多利亞導讀本》（村上リコ、森薫 / 台灣角川 2007）；下：《艾瑪》漫畫第 10 冊（森薫 / 台灣角川 2009），作者藏品掠影，Setting 瓷磚前。

丈夫與妻子非對等關係，而是變種的主奴關係。客人與女僕之間的關係，雖然好像是主奴關係，但實際上相對平等。就是在這種對比之上，好些日本女性迷上了歐洲式的女僕生活。

東京出身的女性漫畫家森薫，本身就是一位英式女僕迷，喜歡繪畫英國維多利亞時代關於女僕的一切。在 2002 至 2006

年間，她以英國女僕生活為背景，創作出英國女僕戀愛故事《艾瑪》，甚受好評。「女僕」的生活方式，讓日本女性意識到畢業後脫離「良妻賢母」命運的另一種方式——繼續工作，成為另一種僕人。這種生存方式的潛台詞是：「我正在服務他人，請恕我暫時不接受婚姻。」

戰鬥少女

根據《NICONICO大百科》，「哥德蘿莉」是發祥於日本的一種服裝文化，大量裙褶、蕾絲，還有以筐架隆起的裙子，以黑色為基調，設計上充滿十字架、蝴蝶、玫瑰等富有呪術意味的符號，是一種少女趣味的設計。

《薔薇少女》真紅，作者攝於東京秋葉原。

《薔薇少女》是「哥德蘿莉」風動漫的代表作。

筆者喜歡的一位歌手Ali Project擅長哥德蘿莉風格的音樂演出，不但服裝，連音樂也充滿哥德蘿莉風格的逼力，可說是《下妻物語》深田恭子以外的另一位最佳哥德蘿莉代言人。Ali Project的寶野亞莉華女士說：「對她們來說，說服裝是武裝的戰鬥服並不為過，戰鬥的對手是充滿偽善和惡意的世界、凡庸的他者、靈魂醜惡而顯現貧相的大人。至少希望成為特別的美的存在，祈願成為那樣。這種的硬派精神，強大得連

男子也無法匹敵」。寶野亞莉華女士說得很清楚，「哥德蘿莉」象徵的是女性以女性自己美麗的方式變強的願望，強得連男人也無法匹敵。如果「水手服」、「女僕裝」是女性迴避父權的憧憬，「哥德蘿莉」就是女性在文化層面正面與父權世界周旋、並公開宣揚父權之腐朽凡俗的象徵。

哥德蘿莉風格，PUBLIC DOMAIN/ パブリックドメインQ

形式上，哥德蘿莉採用了極為複雜繁瑣的服飾設計，服飾細節極多，超乎尋常，具有哥德蘿莉萌屬性的人物，在動漫世界常與吸血鬼這類存活年數甚高的傳說人物有關，其生存經驗超乎一般凡人，是超凡的存在。崇高，可以說是與哥德蘿莉最接近的一種古典審美範疇。哲學家康德認為，崇高

《薔薇架刑》音樂 CD 套裝（ALI PROJECT），作者藏品攝影，Retouch & Setting 黃金訪談。

具有無限的形式，是理性觀念與有限形式衝突所產生的情感，它先帶來生命力的阻滯感受，然後是更強烈的生命力爆發，使人克服阻滯，帶來超乎尋常的精神力量。就這些特徵而言，哥德蘿莉也是一種崇高的表現，但它展現的是女性的崇高，而不是男性的崇高。

結語

二次元之境界線

《中二病也想談戀愛》，MEGAMI MAGAZINE，FEB 2013（学研），作者藏品
掠影，Retouch & Setting 概念增強。

《中二病也想談戀愛》是其中一部明確述及境界線的動漫作品，
境界線不可視，但對日本人來說，境界線存在於每個角落，把
此岸與彼岸之世界區隔開來。

在《中二病也要談戀愛》故事裏，女主角小鳥遊六花相
信死去的父親住在「不可視境界線」對面的平行世界。在《刀
劍神域》故事中，完全潛行讓主角桐人等進入恍如現實的虛
擬遊戲世界。在《命運石之門》故事中，男主角凶真在不同
時間線之間跳躍，尋找讓助手不用死去的命運石之門。《地
獄少女》的三途川，就是隔開了人世和地獄的境界線。

在日本動漫畫中，各種各樣把世界區隔的境界線，無處
不在。

其實，御宅文化本身，即與日本人現實世界隔着一條
線──二次元境界線。御宅有這樣的潛規則，二次元就是
二次元（動漫），三次元就是三次元（現實），兩個世界
互不干涉。二次元的妄想，不會搬到三次元現實世界。三
次元世界的繁瑣規則，在二次元世界被宣告為無效。這條
境界線，確保了二次元世界的自由，也保證二次元世界內
發生的無節制幻想，不會擾亂三次元現實的社會秩序。

刻印在靈魂內的境界線

在歷史長河中，日本人一直在自己的民族靈魂上刻印着一條無形的境界線。

《菊與刀》作者潘乃德告訴我們，日本人容許八歲前的孩子無節制地自由自在，八歲後開始嚴厲教化他們。八歲童歡是日本兒童童年終結的境界線，把一念天國、一念地獄的體驗深深刻在每一名日本孩子的靈魂之上。

明治—大正年間，每名女孩子注定畢業後迎向無盡頭的命

鳥居，作者攝於九州別府，Retouch 異世界入口。

236

定婚姻，在父權當道的世界，婚姻象徵失去全部自由。於是，高中畢業，對明治—大正女孩來說，成為了一條無形的境界線。

日本兒童與鴿子，作者攝於東京。

二戰後，日本社會經歷了重建、混亂、消費社會興起、經濟騰飛、泡沫爆破、社會網絡化等等的階段。在這個期間，日本人把動漫、遊戲、舞台發展成一整個一支獨秀的文化產業，稱為 ACG，在精神層面上支撐着日本人渡過每一個難關。動漫、遊戲世界雖然是平面的，通稱二次元世界，但由於每個日本人都在兒童階段享受過最自由的幻想，他們特別擅長幻想、空想、妄想，他們的二次元幻想疆界特別宏遠。百

昭和時代，作者攝於日本台場。

合、腐女子 BL、可愛、腦內戀愛等等，甚至血親相愛題材，也敢想像。

不過，這些想像太過自由，全是對現實社會束縛的超越，若搬到現實世界，社會秩序必定崩潰，要求有一條二次元境界線作為氾濫幻想的堤防。幸而，日本人擅長畫界線。縱然日本人認為享樂是一種人情，是應當許可的，屬於自由的社會領域，

櫻花花期，作者攝於九州西海橋。

粉紅落櫻，作者親屬攝於日本河口湖。

但日本人也總是強調，享樂應適可而止，不可干擾到人生的重大事務。也就是說，二次元世界的妄想作為一種享樂，是日本社會所默許的，條件是不能擾亂現實社會秩序。於是，二次元世界的妄想和三次元現實世界的重大事務被區隔開來。那一條二次元境界線，森嚴不許逾越。

　　八歲童歡終結的界線、女高中生畢業定人生的界線、日本櫻花花開花落產生的花期界線、每個小市內由鳥居劃定的神明結界，這許多長期積澱下來的界線，作為一種集體無意識，每

238

個日本人都可以將之輕易地召喚出來，易如反掌，因為這條界線一早就刻印在每個日本人的靈魂之中。

ACG 文化的境界線

ACG 萌文化誕生的時候，這一條二次元境界線，再次在日本人的靈魂中被召喚了出來，維持着妄想與現實兩個世界之間的平衡。

在腐女子身上，這條界線設定得十分漂亮。她們以自嘲宣稱自己是腐掉了的婦女子，又以自嘲的方式宣稱自己的興趣是三無（Yaoi）——沒有高潮、沒有結局、沒有意義，還警告每一名打開了她們秘密的網站的訪客——前方高能，不喜勿進。為了使自己的腐女子興趣與現實社會保持充份的距離，她們享受興趣的方式，普遍低調而不張揚。

腐女子享受腐女子興趣的方式，也與《我的妹妹哪有這麼可愛！》女主高坂桐乃的行徑不謀而合。高坂桐乃是女性御宅，雖然不是腐女子，同樣很努力地不讓外人知道自己的特殊愛好，在人前人後表現出兩種性格面貌，不願被人知道自己是御宅族。在御宅族心靈上，這條二次元境界線，同樣清晰可見。

唯一無須介意自己興趣被知道的，也許要算當代日本少女的可愛文化。不過，日本人社會早就為男女兩性劃定了界線，男性被要求競爭、無情擊敗對手，女性被允許愛護弱小可愛的生命。其實，同樣的一條境界線依然清晰，只是可愛文化不會

239

對現實社會秩序構成干擾，所以被允許更公開地表現出來，無須隱藏。

在御宅文化中，有另一個說法，清晰揭示了二次元境界線的存在。日本網路論壇 2ch 有一個大學生活版，稱為「現實充實組」，簡稱「現充」。2005 年，「現充」這個稱呼為御宅族所挪用，當作了自己的對立詞。所謂「現充」，指那種無須依賴動漫和遊戲，就能在現實生活過得充實的人。「現充」被認為是人生的贏家，在現實世界中學業有成，戀愛幸福，交遊廣闊，朋友很多，財力雄厚，擁有權力。「現充」作為詞語，曾獲得 P-NEST 2011 年度女子高中生的「手機‧網路流行語大賞」之金賞。

維持境界線的條件

「現充」明確映照出二次元與三次元之間的邊界。本田透主張的腦內戀愛和腦內家族生活，其實也是建立在這條二次元境界線之上。二次元世界恍如明治—大正的女學校一樣，是人們賴以編織自由夢想的繭。這個繭，就是從現實社會中劃分出來的一個被默許的自由社會領域。這個自由社會領域，有限定的時空。在二次元境界線內，人人可以自由構築夢想。在境界線外，必須嚴格遵守現實世界的規則。

日本人，是擅長畫界的民族。在二次元境界線內，每個人都享受着至高的絕對自由，在二次元境界線外，也就是踏進三

粉紅現充，PUBLIC DOMAIN/パブリックドメインQ。

次元現實世界之後，每個人都甘心情願高度自肅自律，形成一個紀律森嚴的秩序社會。二次元境界線是日本人社會使幻想與現實人為地分工的巧妙文化設計，能最大化地協調兩個世界，把兩個世界之間的矛盾輕易地統一起來，使日本人既能在想像世界中獲取最大的自由，又能在現實世界追求最大的工作效率。

安全的「妄想」

有了二次元境界線，御宅族有了可以安全進行「妄想」的自由空間。御宅族或 ACG 文化愛好者社群，是通過二次元世界結成的社群。他們以御宅相稱，只為忘記大家各自的現實身份，無須使用拘束的敬語，暢快地交流二次元世界的話題。在這一層意義上，「御宅」作為一個身份使成員獲得了安全感、歸屬感，無須擔心交談影響了他們在現實社會的工作。反之，假如大家都亮出現實身份，基於現實社會規範，他們就必須按身份高下來決定使用何種程度的敬語來說話，不能再暢所欲言。

《非公認戰隊秋葉原連者》玩具，作者藏品攝影，
Retouch & Setting 橙藍妄想。

　　ACG 文化愛好者，一般很能享受自由「妄想」。雖然，
在外人眼中，「妄想」是自帶貶義的行為，但日本御宅族不這
麼看。2012 年，東映曾拍攝並播出一齣富有御宅味道的戰隊作
品——《非公認戰隊秋葉原連者》。該故事強調主角們的力量
來自「妄想力」，主角們戰鬥的地方是「妄想世界」，把御宅
族動漫興趣的內涵表現得淋漓盡致。

　　為甚麼「妄想」能形成 ACG 文化的強大力量呢？

　　撇除其貶義，「妄想」相當於「不受任何道德規範約束」
的「自由想像」。在華人文化中，「不受道德規範約束」有點
麻煩，因為社會上和諧的人倫關係建立在道德規範之上。華人
社會的道德教育自嬰兒階段便已經開始。相對地，日本人容許
孩子在八歲前享受至高的自由，容許他們暫時「不知恥」（無
須顧慮道德規範）地快活度日。《菊與刀》指出，這段「不知恥」
的成長階段是日本人重要的回憶，令他們無須為未來描繪天堂，

因為他們在幼兒期已享受了天堂。由
是，幾乎每個日本人，長大時雖然受到
社會強力的約束，但因為他們都曾經在
幼兒期體驗過絕對的自由，所以他們都擅
長「不受任何道德規範約束」的「自由想
像」，亦即是「妄想」。奇妙的是，日本
人現實生活高度規範，文藝上的
想像則高度自由而脫規範，一冰
一火，一剛一柔，形成了一種非
常特殊的人文素質，想像上很放
得開，辦起事來又高度規範。然
而，基於二次元境界線的烙印，
當代日本人非常尊重現實和想
像之間那一條不可逾越的境界
線，在正常的社會狀況下，他
們甚少把「妄想」的內容化為
「現實行為」。

舊照片展覽，作者攝於小倉。

《鋼之煉金術士》愛德華陳列手辦，作者
攝於香港。

　　《鋼之煉金術士》是一齣受歡迎的動漫作品，故事提出凡
事都有「等價交換」，想得到甚麼，就得付出自己身上等價的
甚麼東西作為代價。筆者相信，日本御宅族在「妄想」中所獲
得的豐富收穫，是通過付出「對境界線的絕對尊重」這個等值
代價交換而來的。

參考文獻

手塚治虫：《我的漫畫人生》，游佩芸譯，台北：玉山社，1999。

露絲·潘乃德：《菊與刀》（[圖解] 你所不知道的日本文化之美），葉寧編譯，新北：華威國際事業有限公司，2013。

李卓：《家族制度與日本的近代化》，天津：天津人民出版社，1997。

宮元健次：《日本の美意識》，東京：光文社，2008。

日下翠：《少女・女性漫画にみる女性文化》，比較社会文化，1998，4: 21-34。

本田和子：《異文化としての子ども》，東京：筑摩書房，1992。

佐々木隆著：《オタク文化論》，那須：イーコン，2012。

杉浦由美子：《腐女子化する世界:東池袋のオタク女子たち》，東京：中央公論新社，2006。

本田透：《電波男》，東京：三才ブックス，2005。

大坂理惠：《「腐女子」の社会史——女性による女性のための男性同性愛小説の社会史》，2009 年度卒業論文，慶應義塾大学経済学部矢野久研究会，2009。

古賀令子：《「かわいい」の帝国:モードとメディアと女の子たち》，東京：青土社，2009。

Robertson，J. *Takarazuka: Sexual Politics and Popular Culture in Modern Japan*. Berkeley: University of California Press，1998

Rivera R. "The Otaku in Transition." *Journal of Kyoto Seika University*，2009（35）:193-205.

萌娘百科，https://zh.moegirl.org/。

同人用語の基礎知識，http://www.paradisearmy.com/doujin/。

ニコニコ大百科，https://dic.nicovideo.jp/。

ピクシブ百科事典，https://dic.nicovideo.jp/。

www.cosmosbooks.com.hk

書　　名	在二次元世界呼喚愛——日本ACG萌文化入門
作　　者	兵法舞雪
責任編輯	郭坤輝
美術編輯	郭志民
出　　版	天地圖書有限公司
	香港黃竹坑道46號新興工業大廈11樓（總寫字樓）
	電話：2528 3671　傳真：2865 2609
	香港灣仔莊士敦道30號地庫 / 1樓（門市部）
	電話：2865 0708　傳真：2861 1541
印　　刷	美雅印刷製本有限公司
	九龍觀塘榮業街6號海濱工業大廈4字樓A座
	電話：2342 0109　傳真：2790 3614
發　　行	香港聯合書刊物流有限公司
	香港新界大埔汀麗路36號中華商務印刷大廈3字樓
	電話：2150 2100　傳真：2407 3062
出版日期	2020年6月 / 初版